U0644708

山海经

【晋】郭璞◎注
侯素平◎译注

人民东方出版传媒
People's Oriental Publishing & Media
東方出版社
The Oriental Press

图书在版编目（C I P）数据

山海经 /（晋）郭璞 注；侯素平 译注．—北京：东方出版社，2023.11
ISBN 978-7-5207-3082-2

Ⅰ．①山… Ⅱ．①郭… ②侯… Ⅲ．①《山海经》Ⅳ．① K928.626

中国国家版本馆 CIP 数据核字 (2023) 第 147582 号

山海经

（SHANHAI JING）

注　　者：（晋）郭璞
译　　注：侯素平
责任编辑：邢　远
出　　版：东方出版社
发　　行：人民东方出版传媒有限公司
地　　址：北京市东城区朝阳门内大街 166 号
邮　　编：100010
印　　刷：天津旭丰源印刷有限公司
版　　次：2023 年 11 月第 1 版
印　　次：2023 年 11 月第 1 次印刷
开　　本：650 毫米 × 920 毫米　1/16
印　　张：18
字　　数：200 千字
书　　号：ISBN 978-7-5207-3082-2
定　　价：88.00 元
发行电话：（010）85924663　85924644　85924641

总序

中国文化是一个大故事，是中国历史上的大故事，是人类文化史上的大故事。

谁要是从宏观上讲这个大故事，他会讲解中国文化的源远流长，讲解它的古老性和长度；他会讲解中国文化的不断再生性和高度创造性，讲解它的高度和深度；他更会讲解中国文化的多元性和包容性，讲解它的宽度和丰富性。

讲解中国文化大故事的方式，多种多样，有中国文化通史，也有分门别类的中国文化史。这一类的书很多，想必大家都看到过。

现在呈现给读者的这一大套书，叫作“图文中国文化系列丛书”。这套书的最大特点，是有文有图，图文并茂；既精心用优美的文字讲中国文化，又慧眼用精美图像、图画直观中国文化。两者相得益彰，相映生辉。静心阅览这套书，既是读书，又是欣赏绘画。欣赏来自海内外二百余家图书馆、博物馆和艺术馆的图像和图画。

“图文中国文化系列丛书”广泛涵盖了历史上中国文化的各个方面，共有十六个系列：图文古人生活、图文中华美学、图文古人游记、图文中华史学、图文古代名人、图文诸子百家、图文中国哲学、图文传统智慧、图文国学启蒙、图文古代兵书、图文中华医道、图文中华养生、图文古典小说、图文古典诗赋、图文笔记小品、图文评书传奇，全景式地展示中国文化之意境，中国文化之真境，中国文化之善境，中国文化之美境。

这是一套中国文化的大书，又是一套人人可以轻松阅读的经典。

期待爱好中国文化的读者，能从这套“图文中国文化系列丛书”中获得丰富的知识、深层的智慧和审美的愉悦。

王中江

2023年7月10日

前言

《山海经》是现存先秦典籍中最为重要的著作之一，被誉为“先秦时代的百科全书”，同时也是一部神话经典。它记录了大量的神话传说，这些神话传说间接地反映了天文学、地理学、动物学、植物学、矿物学、药物学、历史学、文学、民族学、哲学、人类学等多门学科的内容。因此《山海经》与《易经》、《黄帝内经》被并称为“上古三大奇书”。

《山海经》,顾名思义是“以山为经,以海为纬”地记述上古社会。书中的“山海”观念囊括了海内华夏和四海之外的广大世界，有天下和全世界的含义。综合而言，《山海经》是上古时期先民对自己经行世界的一次记述。

对《山海经》一书的记载，最早见于司马迁《史记·大宛传》，而首次明确指出其作者的是西汉的刘秀（原名刘歆，后为避汉哀帝刘欣的名讳，改名刘秀，非光武帝刘秀）。他在《上〈山海经〉表》中，认为《山海经》的作者是上古治水的英雄大禹及伯益。东汉时期的王充、赵晔等，也均在其著作中将《山海经》的作者定为伯益。进入20世纪后，有学者提出战国时期的邹衍是《山海经》的作者。还有一种说法认为，《山海经》中大量的神话源自上古时期的口耳相传，并非一人一时所作，而是经过了漫长的岁月才不断增益成书。

关于《山海经》的文献性质，一直是众说纷纭。从《汉书》到《新唐书》

中的记载可以看出，《山海经》一直被视为具有实用价值的地理书。《汉书·艺文志》则把它列入数术类刑法家之首。到了明清时期，《山海经》被称为“小说之最古”“古今语怪之祖”。其中，清代纪晓岚在《四库全书总目提要》中，称其为“最古的小说”。鉴于《山海经》内容的丰富性，近现代及当代的研究者，因其研究方向和理论的不同，也赋予了它不同的性质，其中，“上古时期的百科全书”最具代表。

《山海经》原文共十八卷，约三万两千字。本书摘录了其中的精华部分，并配以详细的注释和通俗的译文，以及近300幅插图，可让读者以更立体、更视觉化的切面观赏和理解上古时期的古老文明与崇高文化。全书分为《山经》、《海经》和《荒经》三部分。《山经》主要记录山川地理、祀神的典礼仪式和所用之物，其中亦叙写了诸山山神的形貌和神力。《海经》分为《海外经》和《海内经》。《海外经》多记录海外各国的异人异物，也有少量古老神话片段，如夸父追日、刑天断首；《海内经》主要记叙海内神奇事物，如建木形态、巴蛇、雷神等。《荒经》主要记录了一些有关帝俊和黄帝的神话。

《山海经》具有极高的研究价值，单单其中大量的英雄神话就足以使我们感动喟叹。如《北山经》中矢志不渝的精卫，即使浩瀚如东海，也会因其不懈努力而日益变浅，彰显了生命的顽强和伟大；《海外·西经》中，刑天虽被天帝砍掉了脑袋，却始终紧握着手中的武器，斗志不减；《海外·北经》记载了夸父逐日的故事，虽然太阳的烈焰最终夺去了夸父的生命，却无法动摇他追逐光明的心……这些宝贵的神话故事，不仅是历代文人雅士的灵感来源，也一直激励着我们。这便是我们中华文明的星星之火，燃烧不尽、生生不息。

在中华优秀传统文化的宝库中，《山海经》像是一块熠熠生辉的五彩宝石，无论你从哪个角度去看，都会发现惊喜。请走进《山海经》，一起去智慧先民的宝藏天地遨游、徜徉吧！

目录

山经

卷一 南山经

卷二 西山经

卷三 北山经

卷四 东山经

卷五 中山经

海经

卷六 海外·南经

卷七 海外·西经

卷八 海外·北经

卷九 海外·东经

卷十 海内·南经

卷十一 海内·西经

山经

卷一 · 南山经

导读

本卷主要讲述了中国南方的一系列山脉，这些山脉大致位于今浙江舟山群岛以西，湖南西部以东、广东南海以北的地方。

从《南山经》的记载中可以看出，中国古代的先民很早就开始了认识自然、探索自然的活动。比如，从“漆吴之山”章节的记载中，我们可以得知当时的人已经开始了对太阳运行规律的观察；对于“赤金”和“白金”的不同表述，则意味着当时的人已经具备了矿物分类的科学知识；而对于仑者山上的白荅的实用功效的认识，则表明他们已经开始利用自然界中的各种动植物为人类服务。但是，受自然和历史条件限制，他们对很多自然现象还缺乏科学的解释。他们通常认为，世间的某种社会现象与自然界的某种生物的出现有关。比如，狸力的出现和土木工程的兴起有关；鴸鸟的出现与罪人被流放有关；鱄鱼的出现会带来旱灾；等等。这表明，古代先民的思想中带有一些局限性。

此外，本卷中还提到了中国神话中的吉祥之鸟——凤凰。历数古代文献，最早记载凤凰形象且描述最完整的当属《山海经》。

《怪奇鸟兽图》卷（节选）

[日]佚名　收藏于日本成城大学图书馆

此卷描绘了《山海经》中76种神奇禽兽。其中，鸟类30种，兽类46种。据史料考证，《山海经》在唐代由遣唐使传入日本。此卷大约绘于日本江户时期。

招摇之山

南山之首曰䧿山[①]。其首曰招摇之山[②]，临于西海[③]之上，多桂[④]，多金、玉。有草焉，其状如韭[⑤]而青花，其名曰祝余[⑥]，食之不饥。有木焉，其状如穀[⑦]而黑理[⑧]，其华[⑨]四照，其名曰迷穀，佩之不迷[⑩]。

【注释】

① 䧿（què）山：古“鹊”字。鹊山，上古时期山系名，一说是指南岭山脉；另一说是指今广西漓江上游的猫儿山。

② 招摇之山：即招摇山。此山大致位于今广西或广东境内。

③ 西海：水名。一说指今广西桂林附近的水泽，一说指北部湾。

④ 桂：桂花树，又叫木樨，常绿小乔木或灌木，花有特殊香气。

⑤ 韭：山韭，一种可以入药的野生植物。

⑥ 祝余：植物名。一说指韭菜，一说指天门冬。

⑦ 穀（gǔ）：树名，即构树。落叶乔木，叶子卵形，开淡绿色花。

⑧ 理：纹理。

⑨ 华：光华。

⑩ 迷：迷眼。不迷，指不迷眼，即能明目。

【译文】

南方山系中的第一列山系叫䧿山，䧿山山系的第一座山叫招摇山。招摇山紧靠西海，山上长有很多桂树，还蕴藏着丰富的金矿石和玉石。山中长着一种像韭菜的草，这种草开青黑色的花，名叫祝余，人如果吃了这种草，就不会感觉到饥饿。山上还长着一种非常像构树的树木，但树皮上却有黑色的纹理，它开的花能发出耀眼的光芒照亮四周，这种树叫迷榖。如果把它的叶子佩戴在身上，人就不会迷路。

杻阳之山

杻阳之山①，其阳②多赤金③，其阴④多白金⑤。有兽焉，其状如马而白首，其文⑥如虎而赤尾，其音如谣，其名曰鹿蜀⑦，佩之宜子孙。怪水⑧出焉，而东流注于宪翼之水⑨。其中多玄⑩龟，其状如龟而鸟首虺⑪尾，其名曰旋龟⑫，其音如判木⑬，佩之不聋，可以为底⑭。

【注释】

① 杻（niǔ）阳之山：即杻阳山，山名。杻，古代神话中的一种树木。杻阳之山，一说指今广东清远连州市北的方山，一说指今广东肇庆的鼎湖山。

② 阳：阳面，指山丘的南面。

③ 赤金：铜。

④ 阴：阴面，指山丘的北面。

⑤ 白金：银。

⑥ 文：同“纹”，花纹。

⑦ 鹿蜀：动物名。一说是斑马，一说是鹿的一种。

⑧ 怪水：指形状较为怪异的河流；一说指位于今广东的北江及其支流连江；一说指位于今广东的西江。

⑨ 宪翼之水：即宪翼水，可能在今广东境内。

⑩ 玄：黑色。

⑪ 虺（huǐ）：一种毒蛇。

⑫ 旋龟：大头龟，头较大且呈三角形，颌部如鹰嘴。

⑬ 判木：劈开木头。

⑭ 底（zhī）：同“胝”（zhī），手脚上的老茧。

【译文】

南方山系中的杻阳山，南面盛产铜矿石，北面盛产银矿石。山中有一种野兽，外形像马，脑袋是白色，身上长着老虎一样的斑纹，尾巴是红色，叫声像人在唱歌，它的名字叫作鹿蜀。穿上这种野兽的皮毛做的衣服能使子孙兴旺繁衍。有一条怪水也发源于杻阳山，向东流入宪翼水。水中有很多黑色的龟，形状和乌龟相似，却长着鸟一样的头和毒蛇一样的尾巴，它的名字叫作旋龟。旋龟的叫声就像劈开木头时发出的声音一样。把旋龟壳佩戴在身上，就不会耳聋，还可以用来治疗手脚上的老茧。

鹿蜀

选自《山海经图鉴》

旋龟

选自《山海经图鉴》

青丘之山

青丘①之山，其阳多玉，其阴多青雘②。有兽焉，其状如狐而九尾③，其音如婴儿，能食人；食者不蛊④。有鸟焉，其状如鸠，其音若呵⑤，名曰灌灌⑥，佩之不惑。英水出焉，南流注于即翼之泽。其中多赤鱬⑦，其状如鱼而人面，其音如鸳鸯，食之不疥⑧。

【注释】

① 青丘：神话中的地名，可能是今福建西北的武夷山。

② 青雘（huò）：一种可作青色颜料的矿物。

③ 九尾：九条尾巴。

④ 蛊（gǔ）：古代的一种巫术，毒热恶气。

⑤ 呵：呼叫。

⑥ 灌（huàn）灌：一作“獾獾”，传说中的一种鸟，一说指鹳。

⑦ 赤鱬（rú）：传说中的一种红色的异鱼，类似娃娃鱼。

⑧ 疥（jiè）：疥疮，癣类皮肤病会传染。

【译文】

南方山系中的青丘山，南面盛产玉石，北面盛产可做青色颜料的矿物。山中有一种野兽，长得像狐狸却有九条尾巴，叫声像婴儿的啼哭，会吃人，人如果吃了它的肉，就不会受毒热恶气的侵袭。山中有一种鸟，它长得像斑鸠，叫声像人的呵斥声，名字叫灌灌，把它的羽毛佩戴在身上就不会迷惑。英水发源于青丘山，向南流入即翼泽。英水中有很多赤鱬，它的样子虽说像鱼，但却长着人一样的脸，叫声与鸳鸯相似，人若吃了它的肉就不会生疥疮。

赤鱬
选自《山海经图鉴》

柜山

柜山[①]，西临流黄，北望诸毗，东望长右[②]。英水出焉，西南流注于赤水。其中多白玉[③]，多丹粟[④]。有兽焉，其状如豚，有距[⑤]；其音如狗吠，其名曰狸力，见则其县多土功。有鸟焉，其状如鸱[⑥]而人手，其音如痺[⑦]，其名曰鴸[⑧]，其鸣自号也，见则其县多放士[⑨]。

【注释】

① 柜（jǔ）山：一说指今浙江仙霞岭，一说指今湖南西部某山，一说可能指湖南张家界的武陵山。

② 流黄、诸毗（pí）、长右：均为山名。

③ 白玉：白色的玉石，著名者有羊脂玉、和田玉等。

④ 丹粟：即丹砂，又叫朱砂或辰砂，一种红色或棕红色的无机化合物，可炼汞，也可作颜料或入药。

⑤ 距：鸡的腿后面突出像脚趾的部分，这里指鸡爪。

⑥ 鸱（chī）：鹰的一种，又叫鹞鹰。

⑦ 痺（bēi）：鸟名，指雌性鹌鹑。

⑧ 鴸（zhū）：神话中的异鸟，有凶兆，一指猫头鹰。

⑨ 放士：被流放的人。

【译文】

南方第二列山系的首座山叫柜山，它西面靠近流黄，北面能看见诸毗，东面可以看到长右。英水发源于柜山，向西南流入赤水，水中有很多白玉和丹砂。山中有一种野兽，它长得像小猪，有鸡一样的爪子，叫声像狗叫，它的名字叫狸力。狸力出现在哪里，哪里就会大兴土木。山中还有一种鸟，它的样子像鹞鹰，长着人一样的手，叫声像鹌鹑叫，它的名字叫作鴸。它鸣叫时会发出“朱、朱”的声音，像是在叫自己。它出现在哪个地方，哪个地方就会有很多人被流放。

狸力
辽代《山海经》帛画

鵸
选自《怪奇鸟兽图》卷

漆吴之山

漆吴之山[①]，无草木，多博石[②]，无玉。处于海，东[③]望丘山，其光载出载入[④]，是惟日次[⑤]。

【注释】

① 漆吴之山：即漆吴山，一说指今浙江东部海上诸岛，如舟山群岛。

② 博石：用于博戏（古代的一种棋戏）的石头。

③ 东：一说指浙江东部海外。

④ 载：又，且。

⑤ 次：太阳星辰驻止、止宿之处。

【译文】

南方的漆吴山不长草木，山中到处都是可用于博戏的石头，但不盛产玉石。它处在东海之中，从山上向东望可以看见一片丘陵，上面有光闪烁，这是太阳所在的地方。

丹穴之山

丹穴①之山，其上多金玉。丹水出焉，而南流注于渤海②。有鸟焉，其状如鸡，五采③而文④，名曰凤皇⑤。首文曰德，翼文曰义，背文曰礼，膺⑥文曰仁，腹文曰信。是鸟也，饮食自然，自歌自舞，见则天下安宁。

【注释】

① 丹穴之山：即丹穴山，山名。在今缅甸境内。

② 渤海：此处当指南海，非今日所指渤海。

③ 采：同“彩”，指色彩。

④ 文：同“纹”，指花纹。

⑤ 凤皇：即凤凰，传说中的百鸟之王。

⑥ 膺（yīng）：胸部。

【译文】

丹穴山盛产金矿石、玉石。丹水发源于丹穴山，向南流入南海。山中有一种鸟，样子像鸡，身上的羽毛五彩斑斓，它的名字叫凤凰。凤凰头部的花纹像“德”字，翅膀上的花纹像“义”字，背部的花纹像“礼”字，胸部的花纹像“仁”字，腹部的花纹像“信”字。这种鸟进食时十分悠然，经常自歌自舞。当它出现时，天下就会太平。

凤凰 ▶

辽代《山海经》帛画

凤凰，又作『凤皇』，亦称凤鸟、丹鸟、火鸟等，是中国古代传说中的神鸟。凤凰有雌雄之别，雄为『凤』，雌为『凰』，合称凤凰。关于凤凰的文献记载，最早见于《尚书·虞书·益稷》的『箫韶九成，凤皇来仪』。《南山经》《海内西经》《大荒南经》《大荒西经》中都有记载。其中《南山经》记载最为详细。凤凰反映了原古先民对太阳的崇拜，被视为中华精神之鸟，是祥瑞、太平、永生、爱情和皇权的象征。

鸡山

鸡山[①]，其上多金，其下多丹臒[②]。黑水[③]出焉，而南流注于海。其中有鱄鱼[④]，其状如鲋[⑤]而彘[⑥]毛，其音如豚[⑦]，见则天下大旱。

【注释】

① 鸡山：山名。一说即今广东韶关的丹霞山，一说应在今广西境内。

② 丹臒（huò）：一种可作红色颜料的矿物。

③ 黑水：水名，为澜沧江上游。一说为流经今广东、广西的贺江。

④ 鱄（zhuān）鱼：传说中的一种怪鱼。

⑤ 鲋（fù）：鲫鱼。

⑥ 彘（zhì）：猪。

⑦ 豚（tún）：小猪，也泛指猪。

【译文】

鸡山上盛产金矿石，山下盛产可做红色颜料的矿石。黑水发源于鸡山，向南流入大海。黑水中有一种叫鱄的鱼，形状像鲫鱼，身上有猪鬃一样的硬毛，发出的叫声像小猪叫。只要它一出现，天下就会大旱。

鱄鱼

辽代《山海经》帛画

令丘之山

令丘之山[①]，无草木，多火[②]。其南有谷焉，曰中谷，条风[③]自是出。有鸟焉，其状如枭[④]，人面四目而有耳，其名曰颙[⑤]，其鸣自号也，见则天下大旱。

【注释】

① 令丘之山：即令丘山，一说在今广西或广东境内；一说在今老挝境内。

② 火：烈焰。指火井、磷光石等产生的火焰或光芒。

③ 条风：东北风。

④ 枭（xiāo）：指猫头鹰一类的鸟。

⑤ 颙（yú）：传说中的一种怪鸟。

【译文】

令丘山上不长花草树木，到处有火在燃烧。它的南面有一个山谷，叫中谷，东北风就从这里吹出。山中有一种鸟，样子像猫头鹰，长着人一样的脸，有四只眼睛，有耳朵，名字叫颙，它鸣叫时像是在叫自己的名字。只要它一出现，天下就会大旱。

颙

选自《山海经图鉴》

仑者之山

仑者之山①，其上多金、玉，其下多青雘。有木焉，其状如榖而赤理。其汗②如漆，其味如饴③，食者不饥，可以释劳，其名曰白䓘④，可以血⑤玉。

【注释】

① 仑者之山：即仑者山（一作“仑山”），今老挝镇宁高原的比亚山脉。

② 汗：汁字的讹写，本应为“汁”。

③ 饴（yí）：用麦芽制成的糖浆、糖稀。

④ 白䓘（gāo）：一种树木。

⑤ 血：这里用作动词，染上的意思。

【译文】

仑者山上盛产金矿石和玉石，山下盛产可作青色颜料的矿物。山中有一种树，形状像构树，树身有红色的纹理，从枝干中流出的汁液像漆，味道像麦芽糖一样甜，吃了它不会感到饥饿，还能缓解身体疲劳，它的名字叫白䓘。此外，它还可以用来给玉染色。

卷二
西山经

导读

本卷记载了中国西部的一些山脉，以及发源于这些山脉的河流、山中生长的植物、山中特有的栖息动物、山中蕴藏的矿物，还有与这些山脉有关的历史人物、神名。这些山脉大约在今陕西、山西、甘肃、宁夏、青海、新疆、内蒙古境内，其中有近三分之一的山脉位置可以具体确定。

《西山经》中记载了很多我们耳熟能详的故事，如天狗食月。天狗原是中国神话中可以抵御凶邪的吉祥动物，后来化为天上的彗星。古人认为“月食”是彗星遮住月亮形成的，故称之为“天狗食月”。

此外，本卷中还有对昆仑山的记载。在中国人心目中，昆仑山是一座西部神山。《山海经》中通过描述异神、异兽、异木、异草，展现了昆仑山作为天帝宫殿的奇异景象和神秘氛围。此外，本卷还有关于华山、鸾鸟、槐江山、皋涂山等的神话传说。

《搜山图》卷

（明）郑重 收藏于美国纽约大都会艺术博物馆

《搜山图》版本很多，描绘的是民间二郎神带领天兵天将搜山降魔的故事。图中妖怪的形象多种多样，不过大多都是由动物幻化而来，灵感可能源自《山海经》。所以，在此罗列。

太华之山

太华之山[①]，削成[②]而四方。其高五千仞[③]，其广十里，鸟兽莫居。有蛇焉，名曰肥𧔥[④]，六足四翼，见则天下大旱。

【注释】

① 太华之山：即太华山，是西岳华山的主峰。

② 削成：像用刀斧劈削而成，形容山势险峻。

③ 仞（rèn）：古代计量单位，古时八尺或七尺为一仞。

④ 肥𧔥（wèi）：传说中的一种蛇，长有六只脚和四只翅膀。

【译文】

西方的太华山，山体像由刀斧劈削而成，十分险峻，整体呈四方形。山高五千仞，占地达十里，连鸟兽都无法在上面栖居。山中有一种蛇，叫肥𧔥，长着六条腿和四只翅膀。只要它一出现，天下就会大旱。

肥䗘
选自《怪奇鸟兽图》卷

石脆之山

石脆之山①，其木多棕②、枬③，其草多条，其状如韭，而白华黑实，食之已疥④。其阳多㻬琈⑤之玉，其阴多铜。灌水出焉，而北流注于禺水。其中有流赭⑥，以涂牛马无病⑦。

【注释】

① 石脆之山：即石脆山，在今陕西境内，一说即二龙山。

② 棕（zōng）：即棕榈树，常绿乔木，茎呈圆柱形，叶子大，有长柄。

③　枏（nán）：同“楠”，即楠木。

④　已疥：治疗疥癣。已，终结，制止。

⑤　瑹琈（tū fú）：一种美玉。

⑥　赭（zhě）：一种红褐色的土壤。

⑦　病：这里指恶疾。

【译文】

西方的石脆山上长有许多棕榈树和楠木，但山中生长的草大多为条草，形状非常像韭菜，它们开白色的花，结黑色的果，人吃了这种果实可以治疗疥疮。石脆山的南边盛产玉石，北边盛产铜矿石。灌水发源于石脆山，向北流入禺水。水底淤积着一种红褐色的泥，把这种淤泥涂抹在牛马身上，它们便不会生病。

浮山

浮山[①]，多盼木[②]，枳[③]叶而无伤[④]，木虫[⑤]居之。有草焉，名曰薰草[⑥]，麻叶而方茎，赤华而黑实，臭如蘼芜[⑦]，佩之可以已疠[⑧]。

【注释】

① 浮山：山名，在今陕西境内。

② 盼木：一种古树。

③ 枳（zhǐ）：枸橘，又称“臭橘”。

④ 伤：刺伤。

⑤ 木虫：指树木上生长的蛀虫。

⑥ 薰（xūn）草：香草的总称，包括蕙草、香草、燕草、黄零草等。

⑦ 蘼芜（mí wú）：一种香草名，可以入药，特指中药材川芎（xiōng）的苗。

⑧ 已疠：治疗疾病。

【译文】

西方的浮山上长着很多盼木，其叶子像枳树叶子一样，但没有刺，虫子会在树上寄居。山中还有一种名叫薰草的香草，像麻类植物一样，茎秆呈方形，开红色的花，结黑色的果，其散发的气味像蘼芜发出的香气。把它佩戴在身上，可以治疗恶疮。

皋涂之山

皋涂之山[①]，蔷水[②]出焉，西流注于诸资之水[③]。涂水出焉，南流注于集获之水。其阳多丹粟，其阴多银、黄金，其上多桂木。有白石焉，其名曰礜[④]，可以毒鼠。有草焉，其状如藁槁茇[⑤]，其叶如葵而赤背，名曰无条[⑥]，可以毒鼠。有兽焉，其状如鹿而白尾，马足人手而四角，名曰玃如[⑦]。有鸟焉，其状如鸱[⑧]而人足，名曰数斯，食之已瘿[⑨]。

【注释】

① 皋涂之山：即皋涂山，即今陕西境内的峪山岭。一说在今甘肃境内。

② 蔷（sè）水：古代河流名。一说为今甘肃洮河的支流。

③ 诸资之水：即诸资水，或指今甘肃的洮河或由洮河等汇成的沼泽地。

④ 礜（yù）：一种含砷的矿物，有毒。

⑤ 槁茇（gǎo bá）：香草根。藁，古文同“槁”；茇，草根。

⑥ 无条：植物名，可能指天葵。

⑦ 玃（yīng）如：神话传说中的一种怪兽。

⑧ 鸱（chī）：古书上指鹞鹰。

⑨ 瘿（yǐng）：长在脖子上的一种囊状瘤。

【译文】

西方有座皋涂山，蔷水从这里发源，向西流入诸资水。涂水也发源于皋涂山，向南流入集获。山的南面盛产丹砂，山的北面盛产银矿和金矿，山上生长着茂密的桂树。山中有一种白色的石头，名叫礜，可以毒死老鼠。山中还有一种草，长得很像槁茇，叶子与葵的叶子相似，但叶背呈现红色，名叫无条，也可以毒死老鼠。山中有一种像鹿的野兽，却长着白尾、马腿以及人一样的手，还有四只角，名字叫作玃如。山上还有一种鸟，长得像鹞鹰，却有人一样的脚，它的名字叫数斯。人若吃了它的肉，可以治疗脖子上长的瘤子。

玃如
辽代《山海经》帛画

数斯

辽代《山海经》帛画

女床之山

女床之山[①]，其阳多赤铜[②]，其阴多石涅[③]。其兽多虎、豹、犀、兕[④]。有鸟焉，其状如翟[⑤]而五采文，名曰鸾鸟[⑥]，见则天下安宁。

【注释】

① 女床之山：即女床山。一说是今宁夏回族自治区西南部甘肃省东部的六盘山，一说即陕西岐山。

② 赤铜：一种紫红色的矿物。

③ 石涅（niè）：即石墨。

④ 兕（sì）：一种像犀牛的瑞兽。

⑤ 翟（dí）：一种长尾野鸡。

⑥ 鸾（luán）鸟：传说中凤凰一类的鸟。

【译文】

西方有座女床山，山南盛产紫红色的铜矿石，山北盛产石墨。山中的野兽多为老虎、豹子和犀牛。山中还有一种鸟，长得像长尾野鸡，身上有五彩的花纹，它的名字叫鸾鸟。只要这种鸟一出现，天下就会太平。

峚山

峚山[①]，其上多丹木[②]，员叶而赤茎，黄华而赤实，其味如饴，食之不饥。丹水出焉，西流注于稷泽[③]，其中多白玉。是有玉膏[④]，其原沸沸汤汤[⑤]，黄帝是食是飨[⑥]。是生玄玉。玉膏所出，以灌丹木，丹木五岁，五色乃清，五味乃馨[⑦]。黄帝乃取峚山之玉荣，而投之钟山之阳。瑾瑜[⑧]之玉为良，坚粟精密，浊泽而有光。五色发作，以和柔刚。天地鬼神，是食是飨；君子服之，以御不祥。

【注释】

① 峚（mì）山：今新疆维吾尔自治区叶城县米尔岱山。

② 丹木：神话中的一种树木。一说丹木即槭树。

③ 稷（jì）泽：水名，此泽在叶耳羌西北、英吉沙尔东南，古称太泽，现已干涸为沙漠。

④ 玉膏：呈膏状的玉，传说是一种仙药。

⑤ 沸沸汤汤（fèi fèi shāng shāng）：形容玉膏涌出时仿佛沸腾的样子。

⑥ 飨（xiǎng）：用酒食款待，也指祭祀。

⑦ 馨（xīn）：香气。

⑧ 瑾瑜（jǐn yú）：瑾和瑜都是美玉，瑾、瑜连用，泛指美玉。

【译文】

西方的峚山上有很多丹木，它们长着圆圆的叶子、红色的茎干，开黄色的花朵，结红色的果实，味道像麦芽糖一样香甜，人吃了它便不会感到饥饿。丹水发源于峚山，向西流入稷泽。水中有很多白玉，这里有玉膏涌出，呈现出一片沸腾景象。黄帝常以玉膏为食，也用它来招待宾客。玉膏还会生出一种黑玉，用这种涌出的玉膏灌溉丹木，五年后丹木会开出五种颜色的五朵，并发出五种芬芳的香气。于是黄帝将峚山的玉石精华引种到钟山的南面，所生出的美玉质地精密，纹理清晰，玉色厚润而有光芒。它发出的五种颜色相互辉映，以此来调和阴柔与阳刚。天地间的鬼神，都喜欢享用这种美玉；君子将其佩戴在身上，可以抵御不祥之气。

钟山

钟山[1]，其子曰鼓，其状人面而龙身，是与钦䲹[2]杀葆江[3]于昆仑之阳，帝乃戮之钟山之东曰䍃崖[4]，钦䲹化为大鹗[5]，其状如雕而黑文白首，赤喙[6]而虎爪，其音如晨鹄[7]，见则有大兵；鼓亦化为鵕鸟[8]，其状如鸱，赤足而直喙，黄文而白首，其音如鹄，见即其邑[9]大旱。

【注释】

① 钟山：山名。一说在今青海境内，一说在今新疆境内。

② 钦䲹（pí）：传说中的神鸟。

③ 葆江：天神，一作祖江，或说为诸侯名。

④ 嶢（yáo）崖：一作“瑶岸”，神话中的地名。

⑤ 鹗（è）：大嘴鹰，又叫鱼鹰，背暗褐色，腹白色，常在水面上捕食鱼类。

⑥ 喙（huì）：鸟兽的嘴。

⑦ 晨鹄（hú）：天鹅。

⑧ 鵕（jùn）鸟：古鸟名，形似猫头鹰。

⑨ 邑：城镇，县。

【译文】

西方有座钟山，钟山山神有个儿子，叫作鼓。这位山神的儿子长着人脸龙身，他与天神钦䲹联手，在昆仑山南面杀死了天神葆江，天帝因此将他们杀死在钟山东面的嶢崖。钦䲹死后变成了一只大鱼鹰，样子像雕，有着黑色的花纹，白色的脑袋，红色的嘴，长着虎一样的爪子，发出的叫声与清晨天鹅的叫声相似。只要它一出现，就会发生大的战争。鼓死后变成了一只鵕鸟，样子像鹞鹰，长着红色的脚，还有长而直的嘴、黄色的花纹、白色的脑袋，发出的叫声与天鹅的叫声类似，它出现在哪个地方，哪个地方就会发生大旱。

鼓

选自《怪奇鸟兽图》卷

钦䲹

辽代《山海经》帛画

槐江之山

槐江之山[1]，丘时之水出焉，而北流注于泑水。其中多蠃母[2]，其上多青、雄黄[3]，多藏琅玕[4]、黄金、玉。其阳多丹粟，其阴多采[5]、黄金、银，实惟帝之平圃[6]，神英招[7]司[8]之，其状马身而人面，虎文而鸟翼，徇[9]于四海，其音如榴[10]。南望昆仑，其光熊熊，其气魂魂[11]；西望大泽，后稷[12]所潜也，其中多玉，其阴多榣[13]木之有若[14]；北望诸𣶒，槐鬼离仑[15]居之，鹰鹯[16]之所宅也；东望恒山四成[17]，有穷鬼[18]居之，各在一搏[19]。爰有淫水[20]，其清洛洛[21]。有天神焉，其状如牛而八足二首，马尾，其音如勃皇[22]，见则其邑有兵。

【注释】

① 槐江之山：即槐江山。一说在新疆境内，一说在今甘肃境内，一说在今新疆与青海交界处。

② 蠃（luó）母：蠃通“螺”，指螺蛳、蜗牛等。

③ 雄黄：硫化类矿物，通常为橘黄色粒状固体或橙黄色粉末，质软、性脆。

④ 琅玕（láng gān）：像玉一样的石头。

⑤ 采：指纹理色彩。

⑥ 平圃：即玄圃，传说中神仙的居处。

⑦ 英招：传说中的神。

⑧ 司：主持、掌管。

⑨ 徇（xùn）：这里是“巡”的意思，即巡行。

⑩ 榴：象声词，同“抽”，引出、提取。

⑪ 熊熊、魂魂：形容很盛大的样子。

⑫ 后稷：周族的始祖，虞舜命他为农官，教民耕稼。

⑬ 榣（yáo）：榣木也称槪木、繇木、姑繇，传说生长在昆仑山附近的河岸上。

⑭ 若：指若木，传说是生长在榣木之上的一种神奇大树。

⑮ 槐鬼离仑：传说中的神名。

⑯ 鸇（zhān）：鸟名，外形与鹞相似，青黄色。

⑰ 恒山四成：非北岳恒山，指连在一起的四座山。

⑱ 有穷鬼：鬼的名称。一说是氏族的名称。

⑲ 搏：通“膊”，指胳膊。这里指山的一边。

⑳ 淫（yáo）水：瑶池，神话传说中神仙居住的地方。

㉑ 洛洛：即落落，指水清澈的样子。

㉒ 勃皇：动物名，一说是拟声词。

【译文】

西方有座槐江山，丘时河发源于此，向北流入泑水。河里有许多螺，山上蕴藏着丰富的石青和雄黄，以及很多上乘的美石、黄金和玉。山的南面有很多丹砂，北面有很多带纹理色彩的黄金和白银。槐江山实际是天帝在人间的园圃，由天神英招管理，英招马身人面，身上有虎一样的斑纹，长着鸟一样的翅膀，他在四海巡行，发出的叫声像辘轳抽水声。在槐江山上，向南望去，可以看见昆仑山，那里的光焰和气魄交相辉映、雄伟壮观；向西望去，可以看见大泽，后稷死后便埋葬在那里。大泽中有很多玉石，它的南面有很多榣木，上面又有若木。从槐江山向北望去，可以看见诸毗山，一位名叫离仑的天神居住在那里，那个地方也是老鹰、鸱鹗一类猛禽的栖息地。从槐江山向东望去，可以看见重重叠叠的恒山，有穷鬼在那里居住，他们各住一边。此外还有瑶池，里面的水极其清澈。有一位天神住在山中，他的样子像牛，但长着八只脚、两个脑袋和马一样的尾巴，发出的叫声像勃皇发出的声音。只要他一出现，就会有战争发生。

英招

选自《山海经图鉴》

昆仑之丘

昆仑之丘[1]，实惟帝之下都[2]，神陆吾[3]司之。其神状虎身而九尾，人面而虎爪。是神也，司天之九部及帝之囿时[4]。有兽焉，其状如羊而四角，名曰土蝼[5]，是食人。有鸟焉，其状如蜂，大如鸳鸯，名曰钦原[6]，蠚[7]鸟兽则死，蠚木则枯。有鸟焉，其名曰鹑鸟[8]，是司帝之百服。有木焉，其状如棠，黄华[9]赤实，其味如李而无核，名曰沙棠[10]，可以御水，食之使人不溺[11]。有草焉，名曰蓍草[12]，其状如葵，其味如葱，食之已劳。

【注释】

① 昆仑之丘：即昆仑山，古代的昆仑山在今甘肃境内。

② 下都：在下界的都城。

③ 陆吾：神名，即开明兽。

④ 囿时：养动物的时节。

⑤ 土蝼（lóu）：一种有翅膀的昆虫。

⑥ 钦原：鸟名，一说即蜂鸟。

⑦ 蠚（hē）：同“蜇”，有毒腺的昆虫刺蜇别的生物。

⑧ 鹑鸟：传说中的赤凤。

⑨ 华：同“花”。

⑩ 沙棠：木名，具体所指待考。

⑪ 溺（nì）：淹没。

⑫ 蘋（pín）草：赖草。

【译文】

西方的昆仑山，实际上是天帝在下界的都邑，由天神陆吾掌管。陆吾的外形像老虎，有九条尾巴，长着人的脸和虎的爪子。陆吾还掌管着天上的九域，以及天帝苑囿的时令节气。山中有一种野兽，样子像羊但长着四只角，它的名字叫作土蝼，会吃人。山中有一种鸟，外形像蜜蜂，大小和鸳鸯差不多，它的名字叫钦原，鸟兽被它蜇一下，就会死亡；树木被它蜇一下，就会枯萎。山中还有一种鸟，它的名字叫鹑鸟，它主管天帝的服饰。山中还有一种树木，长得像棠梨，开黄色的花，结红色的果实，果实味道像李子，没有核，它的名字叫沙棠，可以用来防水。人吃了这种果实后就不会淹死。山中还有一种草，名叫蘋草，外形像葵菜，味道与葱相似。人吃了它可以消除烦恼和忧愁。

土蝼
选自《山海经图鉴》

陆吾
辽代《山海经》帛画

玉山

玉山①，是西王母②所居也。西王母其状如人，豹尾虎齿而善啸③，蓬发戴胜④，是司天之厉⑤及五残⑥。有兽焉，其状如犬而豹文，其角如牛，其名曰狡⑦。其音如吠犬，见则其国大穰⑧。有鸟焉，其状如翟而赤，名曰胜遇，是食鱼。其音如录⑨，见则其国大水。

【注释】

① 玉山：以玉多而得名。

② 西王母：传说中的女神，亦称金母、瑶池金母、瑶池圣母，

住在昆仑山的瑶池。

③ 啸：咆哮，大声吼叫。

④ 胜（shèng）：又称玉胜、华胜，指古人戴在头上的一种饰物。

⑤ 厉：灾厉。

⑥ 五残：五种刑法的残杀。

⑦ 狡（jiǎo）：犬类动物。

⑧ 穰（ráng）：谷物丰收。

⑨ 录：同“鹿”。

【译文】

西方有座山叫玉山，西王母住在这里。西王母的样子像人，但长着豹一样的尾巴和虎一样的牙齿，善于啸叫，头发蓬乱，头上戴着首饰，她掌管天上的灾疫及五刑残杀。山中有一种兽，外形像狗，身上有豹一样的斑纹，长着牛一样的角，它的名字叫狡，发出的叫声像狗叫，它在哪个国家出现，哪个国家就会五谷丰登。山中有一种鸟，样子像长尾野鸡，遍体红色，名字叫胜遇，专门吃鱼，叫声像鹿。它在哪个国家出现，哪个国家就会发大水。

狡

辽代《山海经》帛画

胜遇

辽代《山海经》帛画

长留之山

长留之山[①]，其神白帝少昊[②]居之。其兽皆文尾[③]，其鸟皆文首[④]。是多文玉石，实惟员神磈氏[⑤]之宫。是神也，主司反景[⑥]。

【注释】

① 长留之山：即长留山，山名，也作长流。

② 白帝少昊（hào）：古代神话中的五位天帝之一，传说中远古时期东夷族的首领。

③ 文尾：尾巴有花纹。

④ 文首：头上有花纹。

⑤ 磈（wěi）氏：传说中的山神名。

⑥ 反景：太阳西落时的景象，因与太阳东升时光照的方向相反，故称反景。景通“影”。

【译文】

西方的长留山是天神白帝少昊居住的地方。山中的野兽尾巴上都有花纹，鸟类脑袋上都有斑纹。山中还盛产带花纹的玉石。长留山实际上是员神磈氏的宫殿。这位天神主管太阳西落时反照的景象。

阴山

阴山，浊浴之水[①]出焉，而南流注于蕃泽[②]，其中多文贝[③]。有兽焉，其状如狸[④]而白首，名曰天狗[⑤]。其音如榴榴[⑥]，可以御凶。

【注释】

① 浊浴之水：即浊浴水，水名。

② 蕃泽：湖泊名，一说今青海的巴嘎柴达木湖。

③ 文贝：白底黄纹的贝壳，又称余泉，上古时代用作货币。

④ 狸（lí）：山猫，又称狸猫。

⑤ 天狗：又叫天犬，神话传说中的动物。

⑥ 榴榴：或作猫猫，有时单作榴，象声词。

【译文】

西方有座阴山，浊浴水发源于此向南流入了蕃泽，水中有很多带花纹的贝类。山中有一种野兽，长得像山猫，头部白色，名叫天狗，它发出的叫声像猫叫，可以饲养它来趋吉避凶。

天狗食月

选自《怪奇鸟兽图鉴》

三危之山

三危之山[①]，三青鸟[②]居之。是山也，广员[③]百里。其上有兽焉，其状如牛，白身四角，其豪如披蓑[④]，其名曰獓狠[⑤]，是食人。有鸟焉，一首而三身。其状如鹞[⑥]，其名曰鸱。

【注释】

① 三危之山：即三危山，山名，在今甘肃敦煌。

② 三青鸟：传说中为西王母取食的一种鸟。

③ 员：同“运”，指南北。古人认为“东西为广，南北为运”。

④ 蓑（suō）：蓑草，做成雨具可以避雨。

⑤ 獓𤜶（ào yē）：一种传说中的恶兽。

⑥ 鵅（luò）：一种像雕一样的猛禽。

【译文】

西方的三危山，是西王母的使者三青鸟栖息的地方。这座山方圆有一百里，山上有一种兽，外形像牛，通身白色，长着四只角，身上的毛像披着的蓑草一样，它的名字叫獓𤜶，会吃人。山中有一种鸟，长着一个脑袋，三个身子，体形像鵅鸟一样，它的名字叫作鸱。

青鸟

辽代《山海经》帛画

神话传说中为西王母取食传信的神鸟，后代指信使，常用在诗词中。

鵸鵌
选自《怪奇鸟兽图》卷

天山

天山[①]，多金、玉，有青雄黄。英水出焉，而西南流注于汤谷[②]。有神焉，其状如黄囊，赤如丹火[③]，六足四翼，浑敦[④]无面目，是识歌舞，实惟帝江[⑤]也。

【注释】

① 天山：山名。一说是天山山脉东段，一说在今甘肃境内，一说在昆仑山北面。

② 汤谷：温泉。

③　丹火：金黄色的火焰。

④　浑敦：即混沌，指模糊不清。

⑤　帝江：一种神鸟，据说即黄帝。

【译文】

西部的天山盛产金和玉，还有石青和雄黄。英水发源于此山，向西南流入汤谷。山中住着一个神，外貌像黄色的袋子，能发出红如火焰的光，长着六只脚、四只翅膀，混沌一团没有面目，但他能唱歌跳舞，其实他就是帝江。

帝江
选自《怪奇鸟兽图》卷

卷三·北山经

导读

本卷记载了位于中国北部的一系列山脉，发源于这些山脉的河流，以及这些山上生长的植物、栖息的动物，蕴藏的矿物，还有山中居住的山神、祭祀山神的方法等。这些山脉大约在今宁夏、新疆、山西、河南、河北、内蒙古等地，其中有四分之一的山脉位置可以确定。

本卷记述了很多中国人耳熟能详的神话动物及传说中的故事，如天马和精卫填海等。

天马是一种状如狗的神兽，头上的毛是黑色的，长着一双翅膀，见到人时就会腾空飞起。它的形象曾出现在《吕氏春秋》《尔雅》《云笈七签》《史记》中，经过几千年的演化，后形成了现代人熟知的天马的精神内核：独立不羁、独来独往、傲骨铮铮、自由奔放、洒脱随意。

精卫原为炎帝神农氏的小女儿，名叫女娃。她到东海游玩时不小心被水淹死，于是灵魂化成了一只名叫“精卫”的小鸟。精卫长着花脑袋、白嘴壳、红脚爪，大小如同乌鸦。她怕东海再夺去人的生命，因此不断地从西山衔来小树枝、小石头，丢进东海想要把它填平。这则神话故事反映了人类最本质、最永恒的两个主题：对死亡的恐惧和由此而来坚持不懈的奋斗精神。女娃化为精卫鸟，不仅是人类对生命的珍惜、对生死的理解，更是一种图腾文化的表现。此外，精卫这一原型还代表着一种复仇和女性悲剧。小鸟以自己微小的力量去抵抗大海，虽有些不自量力，但是它日复一日，永不放弃去挑战自我的精神，却感动和激励了一代又一代中国人。

《百鬼夜行图》

佚名（日） 收藏于东京大学图书馆

《百鬼夜行图》以付丧神的器物妖怪为中心，描绘了众多由鸟兽草木化成的妖怪。『百鬼』源自中国，在东汉张衡的《东京赋》中有：『度朔山上有桃树，下常简阅百鬼，鬼无道理者，神荼与郁垒，持以苇索，执以饲虎。』这些鬼怪的形象与《山海经》中的颇为相似，故展示出来。

北岳之山

北岳之山[①]，多枳棘[②]刚木[③]。有兽焉，其状如牛而四角，人目彘耳，其名曰诸怀。其音如鸣雁，是食人。诸怀之水出焉，而西流注于嚣水[④]。其中多鮨鱼[⑤]，鱼身而犬首。其音如婴儿，食之已狂[⑥]。

【注释】

① 北岳：五岳之一。一说在今内蒙古境内；一说是阿尔泰山中的山峰。

② 棘（jí）：棘木，即酸枣树，开黄绿色小花，树枝上多刺，果实味酸。

③ 刚木：材质坚硬的树木，如檀木、柘木等。

④ 嚣（xiāo）水：古代河流名。一说指今内蒙古的锡拉木伦河。

⑤ 鮨（yì）鱼：传说中的一种鱼，外形与娃娃鱼相似。

⑥ 狂：癫狂病。

【译文】

北方的北岳山上，长着许多枳树、酸枣树，以及檀木、柘木等材质坚硬的树木。山中有一种野兽，样子像牛，长着四只角，有人一样的眼睛和猪一样的耳朵，名字叫诸怀。它发出的叫声像大雁鸣叫，会吃人。诸怀水发源于北岳山，向西流入了嚣水河。

嚣水河里有很多鮨鱼，长着鱼一样的身子、狗一样的脑袋，发出的叫声像婴儿啼哭。人吃了它的肉可以治疗癫狂病。

诸怀 选自《山海经图鉴》

鮨鱼 选自《山海经图鉴》

马成之山

马成之山[①]，其上多文石，其阴多金玉。有兽焉，其状如白犬而黑头，见人则飞，其名曰天马[②]，其鸣自訆[③]。有鸟焉，其状如乌，首白而身青、足黄，是名曰鶌鶋[④]，其鸣自詨[⑤]，食之不饥，可以已寓[⑥]。

【注释】

① 马成之山：马成山。一说在今山西境内，一说在今河南境内。

② 天马：神话中一种会飞的神兽，又称飞虡。一说有鹿一样的头和龙一样的身子。

③ 訆（jiào）：同“叫”，大声叫唤。

④ 鶌鶋（qū jū）：神鸟名，斑鸠。

⑤ 詨（xiào）：呼叫。

⑥ 寓：疾病名。一说为健忘症，一说为疣病。

【译文】

北方有座山叫马成山，山上盛产有纹理的五彩石。山中有一种野兽，外形像白狗却长着黑色的头，看到人就腾空飞起，名字叫天马，它叫起来就像在呼喊自己的名字。山中还有一种鸟，样子像乌鸦，但脑袋是白色的，身子是青色的，脚爪是黄色的，名字叫鶌鶋，它叫起来声音很大，像在呼叫自己的名字，吃了它的肉后不会再感到饥饿，还可以治疗健忘症。

天马

选自《怪奇鸟兽图鉴》

晋代以前的文献史料记载反映了天马在中国文化中不断被充实和神化的过程，并最终把天马的形象定为神骏。在《山海经·北山经》中，天马生活在马成山上，样子像白狗，头是黑的，见人会飞；《史记·大宛列传》中，大宛国产的汗血宝马是天马的后代；《汉书·礼乐志》中，天马只有神龙可以为友；《拾遗记·周穆王》中，天马是周穆王巡天的神骏。晋代以后，天马多出现在文艺作品中，如《西游记》中，孙悟空到天庭当弼马温时，昼夜不睡，把天马饲养得肉肥膘满。

天池之山

天池之山[①]，其上无草木，多文石。有兽焉，其状如兔而鼠首，以其背飞，其名曰飞鼠。渑水[②]出焉，潜于其下，其中多黄垩[③]。

【注释】

① 天池之山：天池山，在今山西南部。

② 渑（shéng）水：水名，在今山西南部。

③ 垩（è）：可用来涂饰的有色土。

【译文】

北方的天池山上不长任何草木，但盛产带花纹的石头。山中有一种野兽，外形像兔子，但长着老鼠的头，依靠背部飞翔，名字叫飞鼠。渑水发源于天池山，在山下潜流，水底有很多可作涂料的黄色垩土。

飞鼠
选自《怪奇鸟兽图鉴》

发鸠之山

发鸠之山[1]，其上多柘木[2]。有鸟焉，其状如乌[3]，文首、白喙、赤足，名曰精卫[4]，其鸣自詨[5]。是炎帝[6]之少女，名曰女娃。女娃游于东海，溺而不返，故为精卫，常衔西山之木石，以堙[7]于东海。漳水出焉，东流注于河。

【注释】

① 发鸠山：又名发苞山，在山西省长（zhǎng）子县境内。

② 柘（zhè）木：又叫桑柘，桑科类植物，叶可以养蚕。

③ 乌：乌鸦。有的版本作“鸠”，指斑鸠。

④ 精卫：神话中的鸟名，又叫誓鸟、志鸟，民间俗称帝女雀。

⑤ 詨（xiào）：大声呼叫。

⑥ 炎帝：与黄帝一起被尊为中华民族的祖先，姜姓部落的首领，号烈山氏。一说炎帝即神农氏，是农业和医药的发明者。

⑦ 堙（yīn）：填塞（sè）。

【译文】

北方有座发鸠山，山上长有茂密的桑柘树。山中有一种鸟，外形像乌鸦，头上有花纹，长着白色的嘴巴和红色的脚爪，名字叫精卫，它鸣叫起来像在呼喊自己的名字。精卫本是炎帝的小女儿，名叫女娃，有一次去东海游泳被淹死了，于是化身精卫，衔取西山上的树枝和石块，用来填塞东海。漳水发源于此山，向东流入了黄河。

精卫填海

辽代《山海经》帛画

卷四·东山经

导读

本卷记载了位于中国东部的一系列山脉，发源于这些山脉的河流，以及这些山上生长的植物、栖息的动物，蕴藏的矿物，还有山中居住的山神、祭祀山神的方法等。这些山脉大概在今山东、安徽、江苏、河北境内及东部海域中，其中绝大部分山脉的位置都难以考定。本卷记述了一些比较著名的山脉，如泰山等。

泰山是中华民族的象征，是东方文化的缩影，是“天人合一”思想的寄托之地，是中华民族的精神家园。在古代，泰山是受百姓崇拜、帝王告祭的神山，有“泰山安，四海皆安”的说法。

此外，《东山经》还记载了空桑山。空桑山之所以出名，是因为它除了盛产可以做琴瑟的桑木外，还与大神共工有关。《淮南子》中记载，上古时代，舜当部族首领的时候，共工氏作乱，洪水滔天，淹没了空桑山。

《东山经》还记载了不少吃人的鸟兽，比如鬿雀、猲狙就是比较典型的恶鸟凶兽，且二者的形象都与老鼠有关，这也反映了古人对老鼠的憎恶。古人常以不同的动物判吉凶，比如他们认为猪是一种吉祥的动物，能够给人们带来财富和好运。在“钦山”一节中就可以看出，形状像猪、长着獠牙，名字叫作当康的瑞兽一出现，粮食就会获得大丰收。这也说明，中国作为传统的农业国非常重视牲畜饲养和粮食生产。

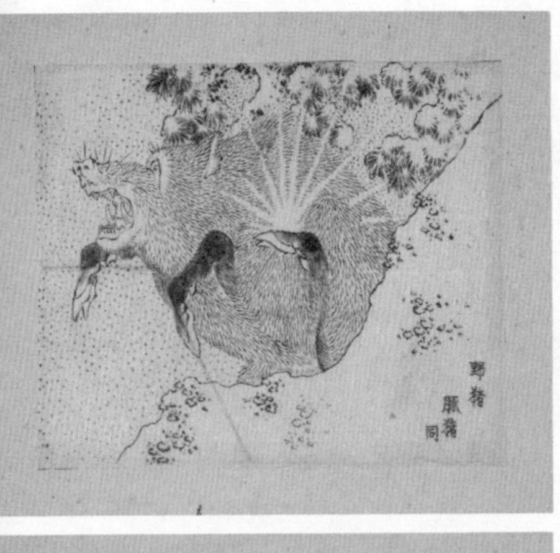

《万物绘本大全图》 ［日］葛饰北斋 收藏于大英博物馆

《万物绘本大全图》收录了众多葛饰北斋的动物绘画作品，在此罗列一些，供大家欣赏。

泰山

泰山[①]，其上多玉[②]，其下多金。有兽焉，其状如豚而有珠，名曰狪狪[③]，其鸣自訆。环水[④]出焉，东流注于江[⑤]，其中多水玉。

【注释】

① 泰山：古称东岳，也称岱山、岱宗，位于山东省泰安市。

② 玉：唐代的《山海经》版本作“石”，指石英石。

③ 狪狪（tóng tóng）：传说中的一种兽。一说为野猪之类。

④ 环水：水名，发源于泰山。

⑤ 江：应作“汶”，水名。一说指大汶（wèn）河，源于今山东省莱芜市北。

【译文】

东方的泰山，山上盛产玉石，山下盛产金矿石。山中有一种神兽，长得像小猪一样，腹中有珠玉，名叫狪狪，它的叫声听起来和它的名字的读音差不多。环水从这里发源，向东流入汶水，汶水中有很多水晶石。

空桑之山

空桑之山[①]，北临食水[②]，东望沮吴[③]，南望沙陵[④]，西望涽泽[⑤]。有兽焉，其状如牛而虎文，其音如钦[⑥]，其名曰軨軨[⑦]，其鸣自訆，见则天下大水。

【注释】

① 空桑：神话中的地名，以盛产桑树得名。一说空桑在山东省曲阜市北。

② 食水：古河流名。

③ 沮吴：古地名。有人认为即徂徕，今蓬莱附近的蛆岛、虎岛。

④ 沙陵：沙丘。

⑤ 涽（mǐn）泽：水名，一说当指大小汶河汇合处的水泽。

⑥ 钦：通“吟”，指呻吟，叹息。

⑦ 軨（líng）：神话中的异兽名，身体棕黄色，颈上有鬃毛。

【译文】

东方的空桑山，北边临近食水，东面可以看见沮吴，南面可以望见沙陵，西面可以望到涽泽。山中有一种野兽，样子像牛，身上有虎一样的斑纹，发出的叫声像人在呻吟，名字叫軨軨，它叫起来像在喊自己的名字，只要它一出现，就会发大水。

北号之山

北号之山[①]，临于北海[②]。有木焉，其状如杨，赤华，其实如枣而无核。其味酸甘，食之不疟[③]。食水[④]出焉，而东北流注于海。有兽焉，其状如狼，赤首鼠目，其音如豚，名曰猲狚[⑤]，是食人。有鸟焉，其状如鸡而白首，鼠足而虎爪，其名曰鬿雀[⑥]，亦食人。

【注释】

① 北号之山：北号山，在今山东省境内。

② 北海：水域名，在今莱州湾。

③ 疟：疟疾。

④ 食水：河流名。一说指小清河。

⑤ 猲狚（hè jū）：传说中的一种野兽，又名獦狚（gé dàn）。

⑥ 鬿（qí）雀：传说中的一种鸟。

【译文】

东方有座北号山，位于北海附近。山上长有一种树木，很像杨树，开着红色的花朵，果实像枣，但里面没有核，味道酸中带甜。人若吃了它，就不会得疟疾。食水从这里发源，向东北方流入大海。

山中有一种野兽，外形很像狼，长着红色的脑袋、老鼠一样的眼睛，发出的叫声犹如猪叫，名字叫猲狙，会吃人。山中还有一种很像鸡的鸟，长着白色的脑袋、老鼠的腿、老虎的爪子，名字叫鬿雀，也会吃人。

猲狙
辽代《山海经》帛画

鴢雀
辽代《山海经》帛画

钦山

钦山[①]，多金玉，而无石。师水[②]出焉，而北流注于皋泽[③]。其中多鱃鱼[④]，多文贝。有兽焉，其状如豚而有牙，其名曰当康[⑤]。其鸣自叫，见则天下大穰。

【注释】

① 钦山：山名，一说在今山东境内。

② 师水：一说指今饶河。

③ 皋泽：水名。

④ 鳙（xiū）鱼：一种头部较大，形状像鲤鱼的鱼。

⑤ 当康：神话中的瑞兽，又叫牙豚。

【译文】

东方的钦山盛产金、玉石，但没有普通的石头。师水从这里发源，向北流入皋泽。水中有许多鳙鱼，还有许多带花纹的贝类。山上有一种瑞兽，外形像野猪，长着长长的獠牙，名字叫作当康。当康会发出与它名字读音相似的叫声，它一出现，粮食就会大丰收。

当康
辽代《山海经》帛画

卷五 · 中山经

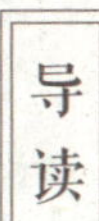

导读

本卷记载了中国中部的一系列山脉，发源于这些山脉的河流，以及这些山上生长的植物、栖息的动物、蕴藏的矿物，还有和这些山水有关的神话人物、历史人物，山神的外貌及祭祀山神的方法等。这些山脉大概在今河南、山西、陕西、四川、重庆、安徽、湖北、湖南、江西境内，其中有三分之一的山脉位置可以具体确定。

《中山经》里有很多历代文学作品都会提及的人物形象和文学意象，如“洞庭之山”记载了天帝的两个女儿江神，“泰室之山”记载了与旱魃齐名的旱鬼耕父，“宣山”记载了天帝女儿用来养蚕的神树帝女桑。

此外，《中山经》卷中有很多对中医中药价值的记述，比如在青要山中，荀草可以美容养颜。少室之山中记述了嵩山西边的神木帝休树，吃它的果实可以平息怒气。少室山上的鯑鱼和泰室山上的栯木和䔄草都有神奇的药用功效。这说明那时的古人已对动植物的药用功能有了一定的理解和认识。另外“丰山”中对于丰山九钟的描写也从侧面反映了古人对于时令物候的观察和体验，而“休与之山”还描述了弈棋。从这些内容中，可以了解当时人们的独特文化和生活方式。

丁亥暮春中澣
御題因命金廷標
仿此卷頗覺神似
即用前韻題之并
書於後

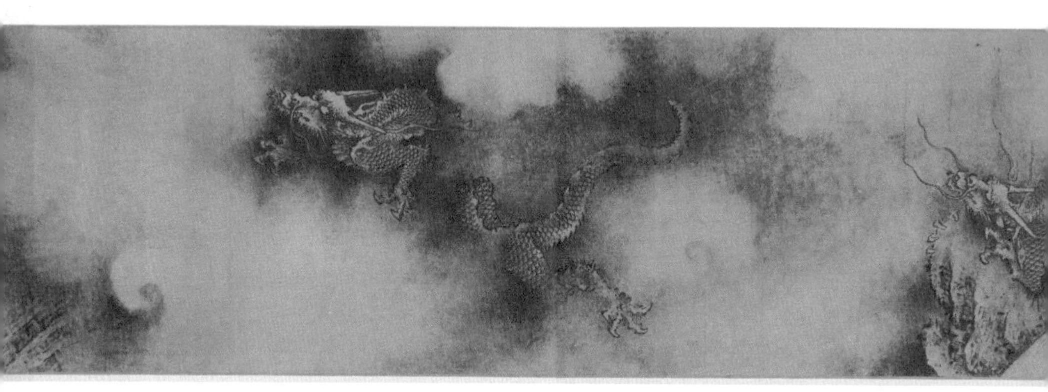

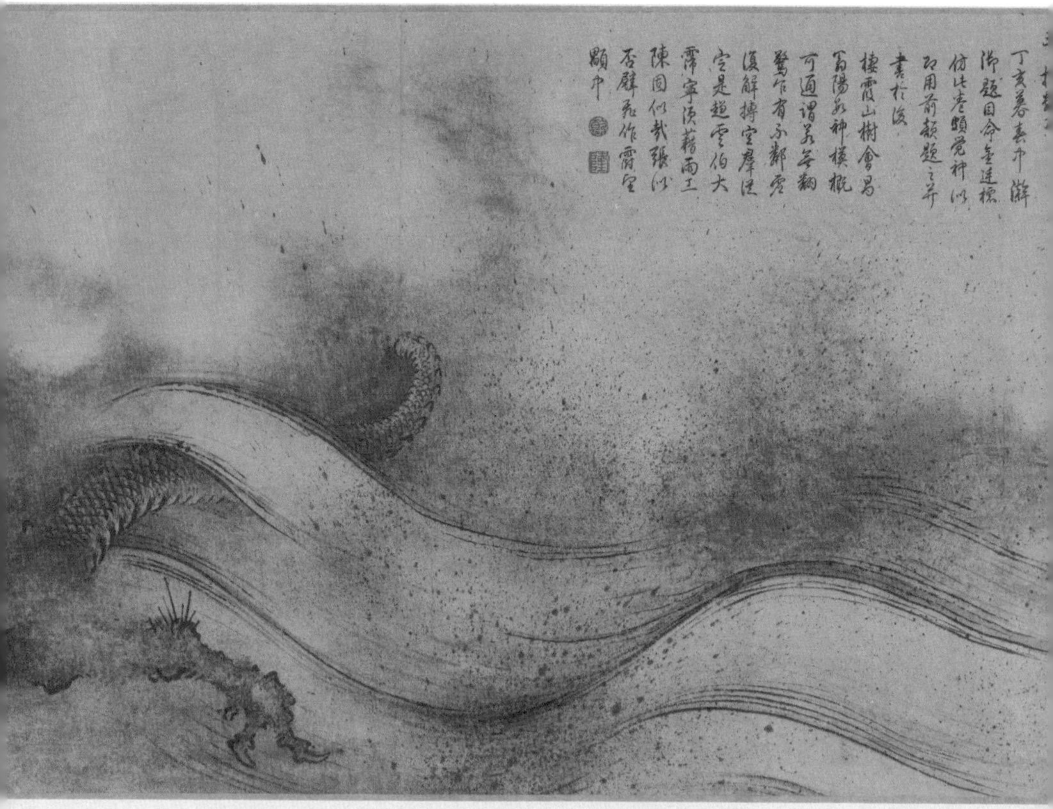

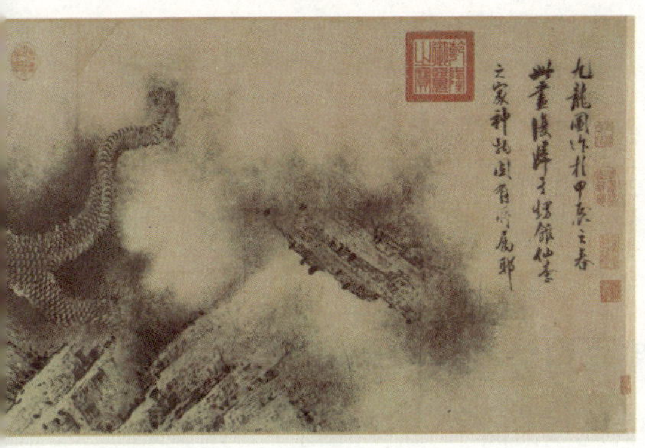

《九龙图》

（南宋）陈容　收藏于美国波士顿美术馆

龙是中国古代神话中的祥瑞动物，是中华民族的象征之一，中国人自诩为『龙的传人』，即源于此。《山海经》中有众多与其有关的动物，如烛龙、计蒙、鼓、窫窳、雷神、应龙，它们大多『人首龙身』，可谓是中国龙图腾的源头。《九龙图》中『龙』的形象已经完全成熟：『角似鹿、头似驼、眼似兔、项似蛇、腹似蜃、鳞似鱼、爪似鹰、掌似虎、耳似牛』，所以在此展示，方便与文中相关动物做比较。

青要之山

青要之山[①]，实惟帝之密都[②]。北望河曲[③]，是多驾鸟[④]；南望墠渚[⑤]，禹父[⑥]之所化。是多仆累[⑦]、蒲卢[⑧]，䰠[⑨]武罗司之。其状人面而豹文，小腰而白齿，而穿耳以鐻[⑩]，其鸣如鸣玉。是山也，宜女子。畛水[⑪]出焉，而北流注于河。其中有鸟焉，名曰䳅[⑫]。其状如凫[⑬]，青身而朱目赤尾，食之宜子。有草焉，其状如葌[⑭]而方茎，黄华赤实，其本如藁本[⑮]，名曰荀草，服之美人色。

【注释】

① 青要之山：又称强山，在今河南境内。

② 密都：秘密居住的行宫。

③ 河曲：黄河弯曲的地方。

④ 驾鸟：鸟名，野鹅或鸿雁。

⑤ 墠（shàn）渚：地名，在今河南省嵩山县。

⑥ 禹父：大禹的父亲，即鲧。传说大禹的父亲死后变成了黄熊。

⑦ 仆累：蜗牛。

⑧ 蒲卢：田螺。

⑨ 䰠："神"字的异体字。一说古人把天神称为神，把人鬼称为䰠。

⑩ 鐻（qú）：用金或银制作的耳环。

⑪ 畛（zhěn）水：水名，在今河南省洛阳市新安县境内。

⑫ 鴢（yǎo）：鸟名。

⑬ 凫（fú）：野鸭。

⑭ 葌（jiān）：兰草。

⑮ 藁（gǎo）本：一种可以入药的香草。

【译文】

中部的青要山，其实是黄帝的秘密行宫。从山的北面望去，可以看见黄河水流的弯曲处，那里栖息着很多鸿雁；向南望去，可以看见墠渚，那是大禹的父亲鲧死后化为黄熊的地方。这里有很多蜗牛和螟蛉，山神䰠武罗掌管着这座山。武罗有着人一样的脸，身上有豹一样的斑纹，腰身细小，牙齿洁白，耳朵上戴着金属耳饰，发出像玉石碰撞的清脆声音。这座山很适合女子居住。畛水从这里发源，向北流入黄河。山中有一种鸟，名字叫鴢，它的外形与野鸭相似，身子是青色的，眼睛是红色的，尾巴也是红色的，吃了它的肉有利于生育。山上还有一种草，长得像兰花，但茎秆是方形的，开黄色的花朵，结红色的果实。这种草茎干像藁本，名叫荀草，吃

武罗

辽代《山海经》帛画

䲹

辽代《山海经》帛画

和山

和山[①]，其上无草木而多瑶[②]、碧[③]，实惟河之九都[④]。是山也，五曲。九水出焉，合而北流注于河。其中多苍玉[⑤]，吉神泰逢司之。其状如人而虎尾，是好居于萯山[⑥]之阳，出入有光。泰逢神动天地气也。

【注释】

① 和山：在今河南省孟津县。

② 瑶：美玉。

③ 碧：青绿色的宝石。

④ 九都：九条河流汇聚的地方。

⑤ 苍玉：一种和瑶相类似的青绿色的玉石。

⑥ 萯山：属于和山山系，在今河南巩义。

【译文】

中部的和山，山上不长草木，但盛产美玉、宝石，这里其实是黄河中的九条水源汇聚的地方。和山盘旋回转了五层，有九条河流从这里发源，然后汇聚成为一条大河向北注入黄河。河中有很多美玉，都是碧绿色的。吉神泰逢掌管这座山。泰逢外貌像人，但长着一条长长的老虎一样的尾巴，喜欢住在萯山的南坡上，出入时都有亮光。泰逢能够震动天地之神气，可兴风作雨。

休与之山

休与之山[①]，其上有石焉，名曰帝台之棋[②]，五色而文，其状如鹑卵[③]。帝台之石，所以祷百神[④]者也，服之不蛊。有草焉，其状如蓍[⑤]，赤叶而本丛生，名曰夙条[⑥]，可以为簳[⑦]。

【注释】

① 休与之山：一说在今河南省灵宝市境内。

② 帝台之棋：棋，指的是博戏中常用的棋子。帝台是神人名。

③ 鹑卵：鹌鹑蛋。

④ 祷百神：祷告神灵。

⑤ 蓍（shī）：一种可以入药的锯齿草。

⑥ 夙条：一种神草。

⑦ 簳（gǎn）：小竹子，可以做箭杆。

【译文】

中部的休与山，山上有一种名叫帝台之棋的石头，是帝台用的棋子。这种棋子石异常美丽，大小和鹌鹑蛋一样。所以人们也用这种美丽的棋子来祷告和祭祀神灵。人若佩戴这种小石头，可以防止邪气入侵。山中还长有一种草，很像锯齿草，但叶子是红色的，丛聚在一起，名字叫作夙条，可以用来制作箭杆。

姑媱之山

姑媱[①]之山，帝女死焉，其名曰女尸[②]，化为䔄草[③]。其叶胥成[④]，其华黄，其实如菟丘[⑤]，服之媚于人。

【注释】

① 姑媱（yáo）之山：姑媱山，在今河南西北部。

② 女尸：天帝女儿的名字。一说女尸是天帝女儿的尸体。

③ 䔄（yáo）草：草名。一说指香蒲。

④ 胥成：相互重叠。

⑤ 菟（tù）丘：即菟丝子，一种可以入药的蔓生植物。

【译文】

中部有座姑媱山，天帝的女儿就死在这里，她的名字叫女尸。女尸死后，化为䔄草。这种草的叶子都是相互重叠的，花朵为黄色，结出的果实与菟丝子的果实相似。服食这种果实会使人变得妩媚而讨人喜爱。

少室之山

少室之山[①]，百草木成囷[②]。其上有木焉，其名曰帝休，叶状如杨，其枝五衢[③]，黄华黑实，服者不怒。其上多玉，其下多铁。休水[④]出焉，而北流注于洛[⑤]。其中多鯑鱼[⑥]，状如盩蜼[⑦]而长距，足白而对，食者无蛊疾，可以御兵[⑧]。

【注释】

① 少室之山：少室山，在今河南省登封市西北，是中岳嵩山中的山。

② 囷（qūn）：古代一种圆形谷仓。这里指草木都聚集在一起。

③ 衢（qú）：四通八达的大路。这里引申为树枝交错分叉。

④ 休水：水名，发源于少室山北麓，流入洛水。

⑤ 洛：洛水。

⑥ 鯑（tí）鱼：鲇（nián）鱼的别名。

⑦ 盩蜼（zhōu wèi）：一种形似猕猴的动物。

⑧ 兵：兵器。

【译文】

中部的少室山，草木繁密茂盛，成片地生长在一起，远远看去像圆形的谷仓。山上有一种树木，名叫帝休。叶子的形状与杨树叶相似，树枝交错伸展，开黄色的花朵，结黑色的果实，人吃了这种果实便不易发怒。山上盛产玉石，山下盛产铁矿。休水河发源于此山，向北流入洛水。水中有很多鯑鱼，外形与猕猴相似，长着像公鸡一样长长的足爪、白色的脚，脚趾相对，人吃了它的肉就能不受毒热恶气的侵袭，还能抵御兵器的伤害。

泰室之山

泰室①之山，其上有木焉，叶状如梨而赤理，其名曰栯木②，服者不妒③。有草焉，其状如苿④，白华黑实，泽如蘡薁⑤，其名曰䔄草，服之不昧。上多美石⑥。

【注释】

① 泰室：又作太室，在今河南省登封市。

② 栯（yǒu）木：一说指郁李，又称白棣（dì）。

③ 妒：妒忌。

④　茉：白术、苍术等的泛称。

⑤　蘡薁（yīng yù）：葡萄科的藤本植物，果实可以酿酒或入药。

⑥　美石：一种比玉石质地稍差的美观的石头。

【译文】

中部的泰室山上生长着一种树木，树叶的形状与梨树叶相似，但有着红色的纹理，名叫栯木。人吃了它就不会产生嫉妒之心。山上还有一种草，形状与白术等植物相似，开白色的花朵，结黑色的果实，果实很有光泽，如野葡萄一般，名字叫䓘草。人吃了它眼睛不会昏花。山上还有很多美丽的石头。

骄山

骄山[①]，其上多玉，其下多青雘。其木多松柏，多桃枝[②]、钩端[③]，神䰠围[④]处之。其状如人面，羊角虎爪，恒游于睢[⑤]、漳[⑥]之渊，出入有光。

【注释】

①　骄山：山名，在今湖北省境内。

② 桃枝：即桃竹，是一种矮竹，古人认为可以辟邪。

③ 钩端：刺竹，可以辟邪。

④ 鼍（tuó）围：传说中的一个水怪。

⑤ 雎：即雎水，古代河流名称，发源于今湖北省，流经河南省境内。

⑥ 漳：漳水，发源于荆山，与沮水合流后称为沮漳河。

【译文】

中部有座山叫骄山，山上盛产玉石，山下盛产青雘。山上生长的树木多为松树、柏树，也有很多能够用来辟邪的小竹子和桃枝，水怪鼍围居住在山上。他有着人脸、羊角、虎爪，还经常在雎水和漳水的深潭里巡游，出入水时，都有光闪耀。

鼍围
选自《山海经图鉴》

光山

光山[①]，其上多碧[②]，其下多木[③]，神计蒙[④]处之。其状人身而龙首，恒游于漳渊[⑤]，出入必有飘风[⑥]暴雨。

【注释】

① 光山：山名，在今河南省光山县。

② 碧：青绿色的玉石。

③ 木：一说作“水”。

④ 计蒙：传说中的神名。

⑤ 漳渊：潭名，一说为漳水中的深潭。漳水，发源于荆山，与沮水合流后称为沮漳河。

⑥ 飘风：旋风，暴风。

【译文】

中部有座山叫光山，山上盛产青绿色的美玉，山下植被茂密，长着很多树，计蒙神就居住在这座山上。他人身龙首，常畅游于漳渊之中，出入时必会伴有旋风和暴雨。

岐山

岐山[①]，其阳多赤金，其阴多白珉[②]。其上多金玉，其下多青雘，其木多樗[③]，神涉鼉[④]处之。其状人身而方面三足。

【注释】

① 岐山：山名，一说在湖北省境内，一说在安徽省境内。

② 白珉（mín）：白色的似玉的美石。

③ 樗（chū）：臭椿树。

④ 涉鼉：传说中的神名。

【译文】

中部有座山叫岐山。山南盛产红色的铜矿石，山北盛产玉石。山上还有很多金矿石和美石，山下有很多可作青色颜料的矿物，山中生长的树木多为臭椿树，涉鼉神就居住在这座山上。他长着人一样的身体，脸面呈方形，有三条腿。

涉𧒂
辽代《山海经》帛画

丰山

丰山①，有兽焉，其状如蝯②，赤目、赤喙、黄身，名曰雍和③，见则国有大恐。神耕父④处之，常游清泠⑤之渊，出入有光，见则其国为败。有九钟⑥焉，是知霜鸣。

【注释】

① 丰山：山名，一说在今河南省南阳市东北。

② 蝯（yuán）：古同“猿”，即猿猴。

③ 雍和：神兽名。一说是金丝猴。

④ 耕父：神名。一说为旱鬼。

⑤ 清泠（líng）：指古代的清泠河，一说在河南省南阳市。

⑥ 九钟：九口大钟。

【译文】

中部的丰山上有一种外形像猿猴的野兽，它有红色的眼睛、红色的嘴、黄色的身体，名字叫雍和。只要它一出现，国家就会发生令人恐慌的大事。耕父神就居住在这座山上，他常在清泠河中游来游去，出入时光芒四射。他出现在哪国，哪国就会衰败。山上还有九口大钟，每当有霜出现，大钟就会发出鸣响。

雍和
辽代《山海经》帛画

宣山

宣山[①]，沦水[②]出焉，东南流注于视水[③]，其中多蛟[④]。其上有桑焉，大五十尺。其枝四衢，其叶大尺余，赤理、黄华、青柎[⑤]，名曰帝女之桑。

【注释】

① 宣山：河南省泌阳县境内的一座山。

② 沦（lún）水：古河流名。

③ 视水：古河流名，即今河南省境内的沙河。

④ 蛟（jiāo）：神话中能兴云致雨、引发洪水的一种龙，即为蛟龙。

⑤ 青柎（fū）：花萼（è），一说指草木花瓣下部的一圈小片。

【译文】

中部有座宣山，沦水发源于此，向东南流入视水，水中有许多蛟龙。山上有一棵桑树，合抱有五十尺，树枝像通衢大道一般向四方伸出，叶子非常大，有一尺多长，上面有红色的纹理，开着黄色的花朵，有绿色的花萼，名字叫作帝女桑。

夫夫之山

夫夫[①]之山，其上多黄金，其下多青雄黄。其木多桑楮[②]，其草多竹、鸡鼓[③]。神于儿[④]居之，其状人身而身[⑤]操两蛇，常游于江渊，出入有光。

【注释】

① 夫夫：山名，一作大夫，一说在湖南省境内，一说在今湖北省境内。

② 楮（chǔ）：树名，即构树，叶子卵形，开淡绿色花，树皮可以造纸。

③ 鸡鼓：又称鸡谷，草名。

④ 于儿：神名。

⑤ 身：有的版本作“手”。

【译文】

中部有座山叫夫夫山。山上盛产黄金，山下盛产石青和雄黄，山中生长的树木多为桑树和楮树，而生长的草多为竹子和鸡谷草。山神于儿居住在这座山上，他长着人一样的身体，手中握着两条蛇，常常出没于大江深潭之中，出入时周围有光闪耀。

于儿
辽代《山海经》帛画

洞庭之山

洞庭之山①，其上多黄金，其下多银铁。其木多柤②、梨、橘③、櫾④，其草多葌、蘪芜⑤、芍药、芎䓖⑥。帝之二女居之，是常游于江渊。澧、沅⑦之风，交潇湘⑧之渊，是在九江⑨之间，出入必以飘风暴雨。是多怪神，状如人而载蛇，左右手操蛇。多怪鸟。

【注释】

① 洞庭之山：即洞庭山，今湖南省岳阳市洞庭湖中的君山。

② 柤（zhā）：同“楂”，指山楂。

③ 橘（jú）：果树名，果实称橘子。

④ 櫾（yòu）：古同“柚”，一种常绿乔木，种类很多，果实叫柚子，比橘子大。

⑤ 葌、蘪芜（mí wú）：葌（jiān），兰草。蘪芜，香草名，

同“蘼芜”，叶有香气。

⑥　芎䓖（xiōng qióng）：即川芎，多年生草本植物，根茎皆可入药。

⑦　澧（lǐ）、沅（yuán）：即澧水和沅水，都流入洞庭湖。

⑧　潇（xiāo）、湘：即潇水和湘江，也是湖南省境内的两条主要河流，源出广西省。

⑨　九江：指古代的九条江水，即沅水、渐水、元水、辰水、叙水、酉水、澧水、资水、湘水。这九条江水都在洞庭湖汇聚，故“九江”又代指洞庭湖。

【译文】

中部有座洞庭山，山上盛产黄金，山下盛产银和铁。山上生长的树多为山楂树、梨树、橘子树和柚子树，生长的草类多为菱草、蘼芜、芍药和川芎。尧帝的两个女儿就居住在这座山上。她们经常在江水的深潭处游玩。澧水和沅水上刮起的江风交汇在潇水和湘江的深潭上空，这里就是九条江河汇聚的区域。尧帝的女儿们出现时，必然伴有狂风暴雨。这座山上还有很多怪神，他们长得像人，头上盘着蛇，左右两只手上也握着蛇。山上怪异的飞鸟也多。

帝之二女

辽代《山海经》帛画

最初为天帝的两个女儿。后世演化为尧帝的两个女儿，姐姐叫娥皇，妹妹叫女英，二人同时嫁给虞舜姚重华。后舜帝南巡苍梧而死，崩葬九嶷山，二妃千里寻夫，知舜已死，抱竹痛哭，竹上生斑，跳下湘江自尽，人称湘君、湘夫人。斑竹的称谓『潇湘竹』和『湘妃竹』即来源于此。

海经

卷六 · 海外·南经

导读

本卷记载的地域大致位于中国的南方，且在《南山经》所记述地域的南面，因此具体位置难以确定。通过这些精简的文字，我们看到了诸如结匈国、羽民国、讙头国等许多神奇的国家。这些国家的人，或胸前的肋骨凸起，或身上有羽毛，或胸前有一个圆洞，或长生不老、永不死亡。

在《海外·南经》中，还记载一些历史人物和神话传说，如帝尧、帝喾（kù）、周文王、后羿和凿齿战于寿华之野、乘龙而行的火神祝融等。此外，还有因珍贵和奇特而被历代文人写入诗文的三株树。

山海經序　郭景純

世之覽山海經者以其閎誕迂誇多有奇怪俶儻之
言莫不疑焉嘗試論之曰莊生有云人之所知不若其所
不知吾於山海經見之矣夫以宇宙之寥廓群生之紛紜陰
陽之煦蒸万物之區分精氣渾淆自相濆薄遊魂靈
怪觸象而構流形於山川麗狀於木石者惡可勝言乎然
則總其所以乖鼓之於一響成其所以變混之於一象世之
所謂異未知其所以異世之所謂不異未知所以不異何者
物不自異待我而後異異果在我非物異也故胡人見布
而疑黂越人見罽而駭毳夫玩所習見而奇所希聞此人
情之常蔽也今略舉可以明之者陽火出於冰水陰鼠

生於炎山而俗之論者莫之或怪及談山海經所載而咸
怪之是不怪所可怪怪所不可怪也不怪所可怪則幾於
無怪矣怪所不可怪則未始有可怪也夫能然所不可
可可所不然則理無不然矣案汲郡竹書及穆天子傳
穆王西征見西王母執璧帛礼之獻錦組之屬穆王饗
西王母瑤池之上賦詩往來辭義可觀遂襲昆侖之丘
遊軒轅之宮眺鍾山之嶺玩帝者之寶勒石王母之山
紀跡玄圃之上乃取其嘉木艷草奇鳥怪獸玉石珍瑰
之器金膏銀燭之寶歸而殖養於中國穆王駕八駿之
乘右服盜驪左驂騄耳造父為御奔戎為右万里長騖
以周歷四方名山大川靡不登濟東升大人之堂西燕王

《山海经册》（节选）

（元）曹善 书　收藏于中国台北『故宫博物院』

《山海经》历来缺少善本，现存最早的版本是南宋淳熙七年（1180）尤袤刻本，是明清以来《山海经》版本主要来源。这本曹善手抄本来源版本不详，但从全书中的一些避讳，如『敬』『恒』『贞』等可知，此书刊刻时间比尤袤本早，应该在仁宗朝以前，有很大的史料价值。

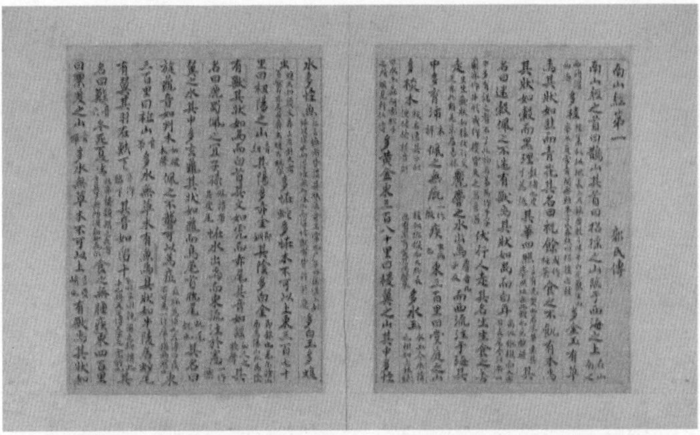

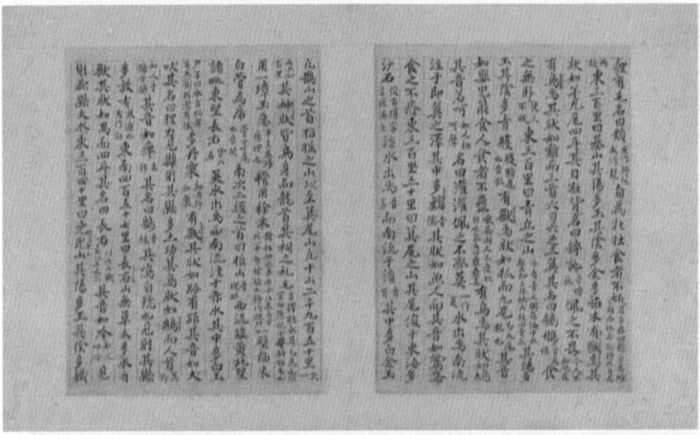

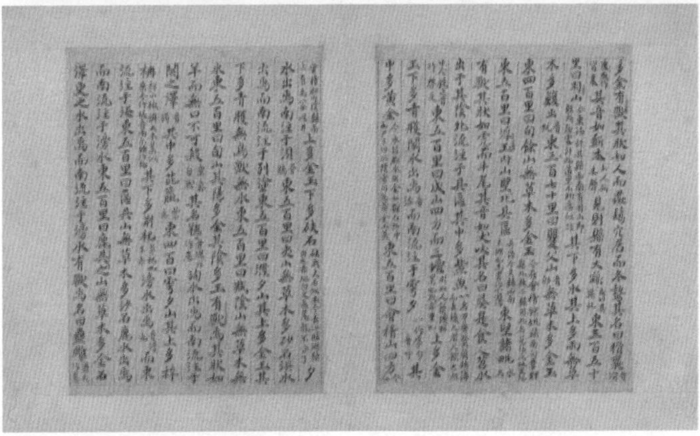

结匈国

结匈国①在其西南，其为人结匈。南山在其东南，自此山来，虫为蛇，蛇号为鱼②。一曰南山在结匈东南，比翼鸟③在其东。其为鸟青④、赤⑤，两鸟比翼。一曰在南山东。

【注释】

① 结匈国：神话中的海外异国。匈，古同“胸”，亦作结胸国，大致方位在今云南或云南以南地区。此国中的人的胸部骨肉外凸。

② 蛇号为鱼：号，称为、当作。把蛇当作鱼。

③ 比翼鸟：神话中的异鸟，又叫蛮蛮。传说这种鸟成双入对，每只鸟都只有一条腿、一只翅膀、一只眼睛，只有相互配合才能飞翔，所以叫作比翼鸟。

④ 青：青绿色

⑤ 赤：赤红色。

【译文】

结匈国位于海外的西南方，那里的人胸部骨肉都向前凸出。南山在结匈国的东南，从南山这个地方开始，人们把虫子当作蛇，把蛇当作鱼。有人说南山在结匈国的东南方向，比翼鸟栖息在它的东边。这种鸟的羽毛青红相间，两只鸟儿各自用一只翅膀相互配合而飞翔。也有人说，比翼鸟在南山的东边。

比翼鸟

选自《怪奇鸟兽图》卷

『不比不飞』的比翼鸟在中国文化中有着特殊的象征意义，它常常和连理枝一起比喻夫妻或恋人间的美满和谐。比如魏晋诗人曹植的《送应氏》中有『愿为比翼鸟，施翮起高翔』的诗句。又唐代诗人白居易的《长恨歌》中也有『在天愿做比翼鸟，在地愿为连理枝』。

羽民国

羽民国[①]在其东南。其为人长头，身生羽[②]。一曰在比翼鸟东南，其为人长颊[③]。有神人二八[④]，连臂，为帝司夜[⑤]于此野，在羽民东。其为人小颊赤肩。毕方鸟[⑥]在其东，青水[⑦]西。其为鸟人面一脚。一曰在二八神东。

【注释】

① 羽民国：神话中的海外异国，又称为羽人国。传说这个国家的人长着鸟一样的长嘴巴、红红的眼睛，头上长着白羽毛，背上有带羽毛的翅膀。

② 身生羽：身上有羽毛。郭璞在《山海经图赞译注》中说羽民国人会飞，但是飞不远。

③ 长颊（jiá）：颊，脸的两侧，即长脸。

④ 二八：神名。传说中二八神又被称为夜游神。

⑤ 司夜：守夜。

⑥ 毕方鸟：这里指毕方鸟栖息的地方。

⑦ 青水：河流名。一说指今云南的怒江；一说指青水河，是红河的支流。

【译文】

羽民国位于海外的东南方。这个国家的人脑袋很长，身上长着羽毛。一说羽民国在比翼鸟栖息之地的东南方向，那里的人脸颊都很长。在羽民国的东面，有十六位神人，他们相互挽着手臂，为黄帝在野外守夜。这十六位神人的面颊小小的，有着红色的肩膀。毕方鸟栖息的地方在羽民国的东面、青水河的西面。这种鸟长着人一样的脸，只有一只脚。也有人说，毕方鸟在二八神的东面。

讙头国

讙头国①在其南。其为人，人面有翼，鸟喙，方②捕鱼。一曰在毕方东，或曰讙朱国。

【注释】

① 讙（huān）头国：神话中的国名。讙头又作“鹳”，一种形状像鹤的鸟。

② 方：擅长。

【译文】

讙头国位于海外的南面。这个国家的人虽长着人脸，但身上有翅膀，嘴很尖像鸟的喙，擅长在大海中捕鱼。另一种说法是，讙头国在毕方鸟栖息地的东边，又叫作讙朱国。

讙头国人像
选自《山海经图鉴》

三株树

三株树[①]在厌火[②]北，生赤水[③]上。其为树如柏，叶皆为珠。一曰其为树若彗[④]。

【注释】

① 三株树：神话中的一种异木，也称“三珠树”。

② 厌火：传说中的国名，也被称作厌光国，相传这个国家中的人口中能吐火。

③ 赤水：古河流名，相传在昆仑山附近。

④ 彗：彗星。

【译文】

三株树位于厌火国的北面，生长于赤水河岸。这种树的形状像柏树，树叶都是珍珠。也有人说，这棵树的形状像天上的彗星。

三苗国

三苗国[①]在赤水东。其为人相随[②]。一曰三毛国[③]。

【注释】

① 三苗国：三苗是古族名，也称有苗或苗民。

② 随：跟随，相随，相伴。

③ 三毛国：毛、苗古音相近，因此，三毛国即三苗国。

【译文】

三苗国处于赤水河的东面，这里的人总是相随而行。还有一种说法：三苗国即三毛国。

贯匈国

贯匈国[1]在其东。其为人，匈有窍[2]。一曰在𦬣国[3]东。

【注释】

① 贯匈国：传说中的海外神国，也叫作“穿胸国”。

② 窍（qiào）：圆洞、窟窿。

③ 𦬣（zhí）国：又叫𦬣民国，传说中的海外异国。

【译文】

贯胸国位于海外的东边。这个国家的人胸部都有一个洞，穿过这个洞可以直接到达后背。也有人说，贯胸国在𦬣国的东面。

不死民

不死民[1]在其东。其为人黑色，寿不死[2]。一曰在穿匈国东。

【注释】

① 不死民：就是不死国，又称不死之乡，传说中的海外异国。传说大禹南巡时，曾到过此国。

② 寿不死：长生不老。

【译文】

不死民生活在海外的东边。这个国家的人浑身皮肤黝黑，寿命很长，不会死亡。也有人说，不死民位于穿胸国的东边。

羿杀凿齿

昆仑墟[①]在其东，墟四方。一曰在歧舌[②]东，为墟四方。羿[③]与凿齿[④]战于寿华之野[⑤]，羿射杀之，在昆仑墟东。羿持弓矢，凿齿持盾。一曰戈。

【注释】

① 昆仑墟（xū）：即昆仑山，亦作昆仑丘。一说指东海中的方丈山，一说指马来半岛东的昆仑山诸岛，

② 歧舌：传说中的海外异国，又叫反舌国。

③ 羿（yì）：就是后羿，传说中的英雄，善于射箭，曾经射落九个太阳。

④ 凿齿：传说中一种吃人的怪兽，因为牙齿像凿子，长五六尺，所以叫凿齿。

⑤ 寿华之野：南方一处很深的沼泽，又称畴华之野。

【译文】

昆仑墟位于海外的东南方，山的地基呈四方形。有人说，昆仑墟位于歧舌国的东边，山底的地基向四方延伸。英雄后羿曾经和凿齿在一个叫寿华的地方进行了一场激烈的厮杀，最后凿齿被射杀了，他们厮杀的地方位于昆仑墟的东边。据传在两人厮杀时，后羿手持弓箭，凿齿拿着盾牌。也有人说，凿齿拿着的是戈矛。

周饶国

周饶国[①]在其东。其为人短小，冠带[②]。一曰焦侥国在三首[③]东。

【注释】

① 周饶国：传说中的矮人国，在中国南方。

② 短小冠带：身材矮小，但是衣帽整齐。相传周饶国人身高仅三尺，不到一米。冠带，这里都作动词，意思是戴上帽子、系上衣带。

③ 三首：神话中每个人都长着三个脑袋的国家。

【译文】

周饶国位于海外的东边。这个国家的人身材都很矮小，但是人人都穿戴整齐，戴着帽子，束着腰带。也有人把周饶国叫焦侥国，认为它在三首国的东边。

狄山

狄山，帝尧葬于阳；帝喾[①]葬于阴。爰有熊、罴、文虎、蜼、豹、离朱[②]、视肉[③]。吁咽、文王皆葬其所。一曰汤山。一曰爰有熊、罴、文虎、蜼、豹、离朱、鸱久[④]、视肉、虖交。

【注释】

① 帝喾（kù）：传说中的上古帝王名。

② 离朱：神话传说中的三足乌，这种鸟生长在太阳里，与乌鸦相似。

③ 视肉：传说中的一种怪兽，外形像牛肝。

④ 鸱久：传说中的一种鸟，猫头鹰的一种。

【译文】

帝尧死后葬在了狄山的南面；帝喾死后葬在了狄山的北面。山上有熊、罴、花斑虎、长尾猿、豹、三足乌、视肉等各种怪兽。吁咽和周文王也葬在这里，也有人说他们葬在了汤山。还有人认为狄山上的动物是熊、罴、花斑虎、长尾猿、豹、三足乌、鸱久、视肉、虖交。

南方祝融

南方祝融[①]，兽身人面，乘两龙。

【注释】

① 祝融：火神，又叫南海神。

【译文】

祝融是南方的火神，他有着兽的身子人的面孔，坐骑是两条龙。

祝融

辽代《山海经》帛画

祝融，就是赤帝，为中国古代神话中的火神，传说为楚国君主的祖先，名重黎，是颛顼的后代。祝融神话起源于刀耕火耨的早期农业生产中，体现了古代先民对火的崇拜。

卷七 · 海外·西经

导读

本卷记载的地域大概在中国的西部，具体位置难以确定。如果说在《海外·南经》中是以结匈国为起点，向东或东南逐个展开叙述，那么在《海外·西经》中就是以结匈国为起点，向北展开叙述。

在《海外·西经》中，蕴藏了很多至今仍被人津津乐道的神话故事，如刑天与天帝争神的故事。刑天被天帝砍掉了脑袋，但是把两个乳头当作眼睛，把肚脐当成嘴巴，仍然坚定不移地战斗，后世称其为“战神”。

还有《后羿射日》的故事，相传在尧当首领的时候，天上一下子出来十个太阳，大地干涸，庄稼草木枯死，人们无法生活，于是尧就让后羿射下九日，恢复了社会的安宁。

此外，还有很多成语或典故也是出自《海外西经》。如，“鲤鱼跃龙门”中的鲤鱼或为龙鲤演变而来。“飞黄腾达”的飞黄，或为神兽“乘黄”等。

《山海经》崇祯刊本（节选）

蒋应镐（明）绘　李文孝（明）镌

《山海经》版本众多，多为无图版。郭璞注十八卷本为后世各种版本的祖本。现存最早的《山海经》插图本为明万历二十一年《格致丛书》本，但133幅插图既不按神、兽、鸟、虫分类，与经文也不相配。此本按照《山海经》十八卷的顺序匹配了74幅图，成为《山海经》插图版本中的优者，且版刻年代为明万历年间，是研究《山海经》早期插图本的珍贵文献。崇祯本的图也是来源于万历本，故在此展示。

大乐之野

大乐之野[①]，夏后启[②]于此儛[③]九代[④]，乘两龙，云盖[⑤]三层，左手操翳[⑥]，右手操环[⑦]，佩玉璜[⑧]，在大运山北。一曰大遗之野。

【注释】

① 大乐之野：古代地名，又叫作大穆之野或天穆之野。

② 夏后启：夏国开国首领大禹的儿子，名启，人称夏后启，后是古代对君主的尊称。

③ 儛（wǔ）：同“舞”，跳舞。

④ 九代：一说为乐名；一说为马名。

⑤ 云盖：盖子一样的云，古代指帝王所乘车辇的盖子。

⑥ 翳（yì）：原指用羽毛做的车盖子，现指用羽毛做的旗帜。

⑦ 环：即玉环。

⑧ 玉璜（huáng）：半圆形或弧形的玉制配饰。

【译文】

大乐之野，夏朝国君启曾在此观看《九代》歌舞，他乘着两条龙，有三重云雾在他的头上作为伞盖。夏启左手握着用羽毛做的华盖，右手拿着玉环，身上佩戴着玉璜。大乐之野位于大运山的北面。一说夏启在大遗之野观看歌舞。

刑天舞干戚

奇肱之国[①]在其北。其人一臂三目，有阴有阳[②]，乘文马[③]。有鸟焉，两头，赤黄色，在其旁。刑天[④]与帝至此争神。帝断其首，葬之常羊之山[⑤]。乃以乳为目，以脐[⑥]为口，操干戚[⑦]以舞。

【注释】

① 奇肱（jī gōng）之国：传说中的海外神国，因这个国家的人只有一个胳膊而得名。奇，单数。肱，上臂。传说这个国家的人都是能工巧匠。

② 有阴有阳：《山海经》最早的注释者郭璞说奇肱之国的人眼睛是阴眼在上，阳眼在下。一说是一身具有阴阳两性。

③ 文马：一种代表吉祥如意的马。这种马全身雪白，长有红色鬣毛、金色眼睛，相传骑上这种马可以长寿。

④ 刑天：传说中与黄帝争斗的英雄，一说作形夭、形天，又作形残之尸。

⑤ 常羊之山：神话中的地名。

⑥ 脐（qí）：肚脐。

⑦ 干戚（gān qī）：干，盾牌；戚，大斧头。

【译文】

奇肱国在一臂国的北面。那里的人长着一条胳膊、三只眼睛，眼睛有阴有阳，阴眼在上，阳眼在下，骑的是带有斑纹的马。那里还有一种鸟，长着两个脑袋，呈赤黄色，常栖息在人们旁边。刑天与天帝争神位，天帝斩断了刑天的脑袋，并将其埋在常羊山。于是刑天以双乳作眼睛，以肚脐为嘴巴，一手持盾牌一手挥舞大斧，继续与天帝厮杀。

刑天舞干戚

选自《山海经图鉴》

《山海经》记载，刑天是炎帝的战将，炎帝在阪泉战败退居南方后，刑天不甘心，他联合蚩尤对抗黄帝。蚩尤兵败被杀，刑天也被黄帝斩下头颅，并把他葬在常羊山。但刑天魂魄不灭，竟以乳为目、脐为口，手执干戈跳舞。刑天是中国上古神话中最具反抗精神的形象，晋陶渊明《读山海经十三首》曾评价说：『精卫衔微木，将以填沧海。刑天舞干戚，猛志固常在。同物既无类，化去不复悔。徒设在昔心，良辰讵可待！』

女丑之尸

女丑之尸[①]，生而十日炙杀[②]之。在丈夫[③]北。以右手鄣[④]其面。十日居上，女丑居山之上。

【注释】

① 女丑之尸：神话中常用衣服遮盖自己脸庞的神人。

② 炙（zhì）杀：烤死。

③ 丈夫：指丈夫国，传说中的海外神国，这个国家中的人个个都像大丈夫一样穿着黄服，戴着黄帽，腰里挂着宝剑。

④ 鄣（zhàng）：同“障”，遮蔽，遮挡。

【译文】

有个被十个太阳活活烤死的神人，名叫女丑之尸。她的尸体在丈夫国的北边。女丑之尸在死前用右手盖住了自己的脸。十个太阳高高挂在尸体的上方，女丑的尸体横卧在山顶上。

女丑之尸

辽代《山海经》帛画

巫咸国

巫咸国①在女丑北。右手操青蛇，左手操赤蛇。在登葆山②，群巫所从上下也。

【注释】

① 巫咸国：巫咸就是巫医，常常为黄帝采集药材。一说巫咸国中都是巫师。

② 登葆山：又叫登备山，传说从这座山上可以登到天庭。

【译文】

巫咸国在女丑所处地方的北面，那里的人右手握着青蛇，左手握着红蛇。有座山叫登葆山，是这些巫师来往于天界与人间的通道。

女子国

女子国①在巫咸北。两女子居，水周②之。一曰居一门③中。

【注释】

① 女子国：传说中的女儿国，这个国家只有女人，没有男人。传说女儿国中有一潭水，女人洗浴之后就会怀孕。

② 周：围绕。

③ 居一门：居住在一起。

【译文】

女子国位于巫咸国的北边，只有两个女子居住，四周有水环绕。还有一种说法是，她们都成群地住在一起。

诸夭之野

轩辕之国[①]在此穷山之际，其不寿者八百岁。在女子国北，人面蛇身，尾交首上。穷山在其北，不敢西射，畏轩辕之丘。在轩辕国北。其丘方，四蛇相绕。诸夭之野[②]，鸾鸟自歌，凤鸟自舞。凤皇卵，民食之；甘露，民饮之，所欲自从也。百兽相与群居。在四蛇北。其人两手操卵食之，两鸟居前导之。

【注释】

① 轩辕（xuān yuán）之国：传说中的海外神国。轩辕，华夏始祖黄帝的别称。

② 诸夭之野：传说中的极乐之土，又称沃野。

【译文】

轩辕国位于穷山的旁边，那里的人即便不长寿的也能活到八百岁。轩辕国处于女子国的北边。那里的人，人脸蛇身，尾巴盘绕在头上。穷山位于轩辕国的北面，那里的人不敢向西边射箭，因为他们敬畏黄帝威灵所在的轩辕丘。轩辕之丘在轩辕国的北边，山体呈四方形，上面还有四条蛇互相缠绕。还有一个叫作诸夭之野的地方。在这个地方，鸾鸟可以自由歌唱，凤鸟可以自由舞蹈。那里的人都吃凤凰产下的蛋，喝苍天降下的甘露。在那里，一切都可以从心而动，野兽也成群结队地栖息在一起。沃野在四条蛇的北面，那里的人用双手捧着凤凰蛋吃，有两只鸟在前面引导。

轩辕国人
辽代《山海经》帛画

龙鱼陵居

龙鱼陵居[①]在其北，状如鲤。一曰鰕[②]。即有神圣[③]乘此以行九野[④]。一曰鳖鱼在夭野北，其为鱼也如鲤。

【注释】

① 龙鱼陵居：龙鱼，鱼名。一说指穿山甲；一说指鱼类化石。陵居，居住在山陵中。

② 鰕（xiā）：大鲵，也就是娃娃鱼。

③ 神圣：善良有德行的人，一说是神巫。

④ 九野：指九州之地。

【译文】

龙鱼能够在水中和山陵中生存，在沃野的北面，外形像鲤鱼。也有人说，这种鱼就是大鲵。如果是经常行善的人或者是神巫，骑上这条龙鱼，就可以自由自在地巡行于九州原野。还有一种说法认为，这种龙鱼就是鳖鱼，在沃野的北面，也就是鲤鱼。

白民之国

白民之国[①]在龙鱼北，白身被[②]发。有乘黄[③]。其状如狐，其背上有角，乘之寿二千岁。

【注释】

① 白民之国：传说中的一个国家，国中之人浑身雪白。

② 被：同“披”，指披散。

③ 乘黄：一种神兽。一说为神马，一说为双峰驼。

【译文】

白民国位于龙鱼的北边。这个国家的人全都肤色雪白，披散着头发。国中有一种名叫乘黄的神兽。它的样子像狐狸，背上长角，骑上这只神兽，可以活到两千岁。

龙鱼
辽代《山海经》帛画

白民国人
辽代《山海经》帛画

长股之国

长股之国在雒棠北，被发。一曰长脚。

【译文】

长股国在雒棠树的北面，那里的人总是披散着头发。还有一种说法是长股国即长脚国。

西方蓐收

西方蓐收①，左耳有蛇，乘两龙。

【注释】

① 蓐（rù）收：神话传说中的金神，他掌管秋天时的万物收藏。

【译文】

西方有一个叫蓐收的金神，他左边耳朵上有一条蛇，常驾着两条龙出行。

蓐收
选自《山海经图鉴》

卷八·海外北经

导读

本卷所记载的地域大致在中国的北方，具体位置难以确定。《海外·北经》的记述紧接《海外·西经》的长股国，向东逐一展开。所述的这些国家，其国民或没有小腿肚，或只有一只手一只脚，或长得高而没有肠子，读来令人印象深刻。

在《海外·北经》中，有三则神话故事值得我们注意。

一是夸父逐日。以强健身躯行走的神人夸父勇于挑战太阳，失败后还为后人留下一片可以遮阴解渴的桃林。这种不畏艰难、福泽后世的精神，流传了千年，并成为历代文学作品选用的题材。

二是大禹杀死共工之臣相柳氏。有一种说法认为，相柳氏代表着冬天潜藏不见的龙星。相柳氏人首蛇身，异常暴虐，他“以食于九山”，将身形隐藏于群山之中。大禹在上古时期负责修建水利工程。一般来说，古人在大兴土木的时候，都会选在秋收之后，而龙星潜藏是冬天的的象征，自然也成为即将进行土木工程的象征。所以，大禹杀相柳的真正原因可能是：大禹是主土木的司空，相柳为冬天潜藏的龙星，在龙星消亡之际，就是司空之官大兴土木之时。

三是关于钟山之神烛阴的传说。烛阴身居钟山背阴处，身长千里，人面蛇身，烛阴能为钟山带来光明，因为他掌管四季更迭。烛阴的存在，满足了人类聚居的所有自然条件，阳光、风雨、日夜、四季……

《山海百灵图》（节选）

（明）佚名　收藏于美国弗瑞尔美术馆

钟山之神

钟山[①]之神，名曰烛阴[②]。视为昼，瞑[③]为夜，吹为冬，呼为夏，不饮、不食、不息[④]，息为风，身长千里，在无䏿[⑤]之东。其为物，人面、蛇身、赤色，居钟山下。

【注释】

① 钟山：传说中北海之外的一座神山，山上有很多神草。

② 烛阴：烛龙。神话中传说，北方不明亮，烛龙因为嘴里有火精，照亮了天下。

③ 瞑（míng）：闭眼。

④ 息：气息。

⑤ 无䏿（qǐ）：神话中的无臂国。这个国家的人没有小腿肚，一说无臂是没有后代的意思。

【译文】

钟山的山神叫作烛阴。他睁开眼睛，天下就变成了白天；他闭上眼睛，天下就变成了黑夜。他一吹气，天下就变成了冬天；他一呼气，天下就变成了夏天。他既不喝水，也不吃饭，更不呼吸。

如果他一呼吸，天下就会刮起大风。烛阴的身体长达一千里，他在无臂国的东边。他有着人一样的脸孔、蛇一样的身体，浑身通红，住在钟山脚下。

烛阴

选自《怪奇鸟兽图》卷

共工之臣

共工[①]之臣曰相柳氏[②]，九首，以食于九山。相柳之所抵[③]，厥为泽谿[④]。禹杀相柳，其血腥，不可以树五谷种。禹厥[⑤]之，三仞[⑥]三沮[⑦]，乃以为众帝之台。在昆仑之北，柔利[⑧]之东。相柳者，九首人面，蛇身而青。不敢北射，畏共工之台。台在其东。台四方，隅有一蛇，虎色，首冲南方。

【注释】

① 共工：传说中的神话人物，一说掌管水。他曾经称霸九州，还曾经与颛顼争夺帝位。

② 相柳氏：即相繇（yáo），神话中的怪神，性情异常残暴。

③ 抵：触碰。

④ 泽谿（xī）：沼泽溪谷。“谿”同“溪”。

⑤ 厥（jué）：这里同“掘”，即挖掘。

⑥ 仞：这里指挖掘的深度。

⑦ 沮（jǔ）：败坏，这里是向下塌陷的意思。

⑧ 柔利：神话中的海外异国，即柔利国。据说，这个国家的人只有一只手，一只脚，而且腿脚都盘在头上。

【译文】

共工有一个名叫相柳的臣子，他有九个脑袋，这九个脑袋分别在九座山上觅食。凡是相柳触及的地方，都会变成沼泽和溪流。后来，大禹杀死了相柳。从相柳身体里流出的血液腥臭无比，凡是经其浸泡过的土地，便不能再种植粮食作物。于是，大禹就挖掘这些腥土，深挖了三次，三次都塌陷了，最后将挖出的腥土砌成了帝尧、帝喾、帝舜等众多帝王的台观。台观位于海外昆仑山的北面、柔利国的东面。相柳的九个脑袋上都长着人脸，但有着浑身青色的蛇身。因为忌惮于共工台的神威，所以这里的人都不敢朝着北方射箭。共工台位于众帝台的东面，台子四四方方，几个角都有一条蛇，蛇的身上还有虎一样的斑纹，它们都向南眺望。

相柳氏
选自《怪奇鸟兽图》卷

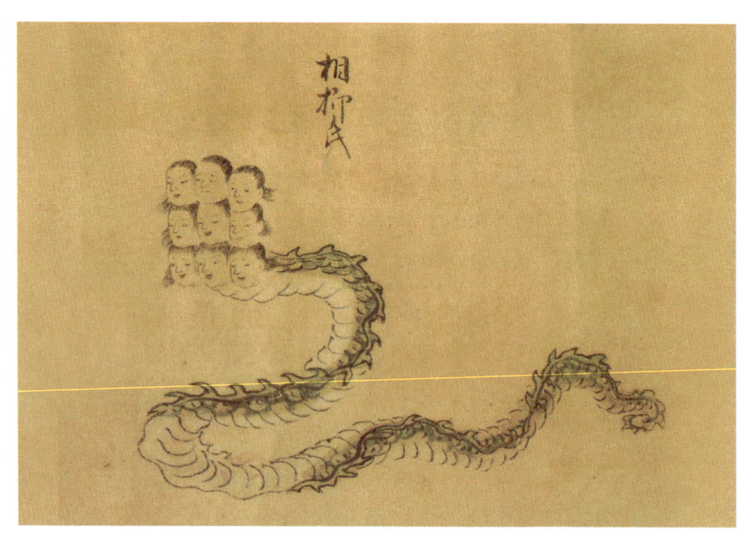

禹杀相柳

辽代《山海经》帛画

聂耳之国

聂耳之国[①]在无肠国[②]东，使两文虎[③]。为人两手聂[④]其耳，县[⑤]居海水中，及水所出入奇物。两虎在其东。

【注释】

① 聂耳之国：又叫作耽（dān）耳国或儋耳国。耽，即大耳朵。

② 无肠国：神话中的海外国，因其民生下来就没有肠子而得名。

③ 文虎：即雕虎，雕虎的身上花纹如雕画。

④ 聂：通“摄”，即双手握持。

⑤ 县：同“悬”，无所依倚，此处意指聂耳国孤悬于海外。

【译文】

聂耳国位于无肠国的东边，那里的人能驱使两只色彩斑驳的老虎，他们的耳朵很长，所以走路时都要用双手捧着耳朵。他们居住在海岛上，岛上有各种稀奇古怪的动物，而那两只色彩斑斓的老虎就居住在他们的东边。

夸父逐日

夸父[①]与日逐走，入日，渴欲得饮。饮于河渭[②]，河渭不足，北饮大泽[③]。未至，道渴而死。弃其杖[④]，化为邓林[⑤]。

【注释】

① 夸父：传说中的巨神，据传他与太阳赛跑，最后因口渴而死。

② 河渭：黄河与渭水的并称。

③ 大泽：指青海湖。

④ 杖：即策杖。

⑤ 邓林：即桃林。

【译文】

夸父追赶太阳，一直追到接近太阳的地方。由于距离太阳很近，烤得夸父口干舌燥，他就喝黄河和渭河的水，这两条河流中的水竟也不能为他解渴。于是，夸父又向北走，想要去大泽中喝水，结果在半路上就渴死了。夸父死时扔掉的手杖，变成了一片桃树林。

夸父逐日
辽代《山海经》帛画

拘缨之国

拘缨之国[1]在其东，一手把缨[2]。一曰利缨之国。寻木[3]长千里，在拘缨南，生河上西北。

【注释】

① 拘缨之国：传说中的海外异国，因其国中之人常常用手托着脖子上的大肉瘤，故名。

② 缨（yīng）：应作“瘿”，颈上的肉瘤。

③ 寻木：寻，长。神话中著名的高大树木。

【译文】

拘缨国位于积石山的东边。这个国家的人经常用手托着脖子上的肉瘤，非常怪异，也有人称这个国家为利缨国。在这里，有一种大树，名叫寻木，高达千里，生长在拘缨国的南边，黄河上游的西北方。

拘缨国人
辽代《山海经》帛画

跂踵国

跂踵国[①]在拘缨东，其为人大，两足亦大。一曰大踵[②]。

【注释】

① 跂踵（qǐ zhǒng）国：跂踵，不同寻常的脚跟。传说这个国家的人都踮起脚尖走路。

② 大踵（zhǒng）：踵，脚后跟。一作反踵。意思就是，这个国家的人如果向东走，足迹显示的却是向西。

【译文】

跂踵国位于拘缨国的东边。这里的人身材十分高大，两只脚也很大，也有人称之为大踵国。

欧丝之野

欧丝之野[①]在大踵东。一女子跪据树欧丝[②]。

【注释】

① 欧丝之野：传说中北海之外的一个地方。

② 欧丝："欧"同"呕"，吐丝。

【译文】

欧丝之野位于大踵国的东边。那里有一个女子跪在桑树旁吐丝。

三桑

三桑[①]无枝，在欧丝东。其木长百仞，无枝。

【注释】

① 三桑：传说中的神木。

【译文】

有三棵桑树生长在欧丝之野东边，这是一种没有枝条的神树，树高达百仞，但是没有树枝。

务隅之山

务隅[①]之山，帝颛顼[②]葬于阳，九嫔[③]葬于阴。一曰爰有熊、罴[④]、文虎、离朱[⑤]、鸱久[⑥]、视肉[⑦]。

【注释】

① 务隅：即务隅山，又作附禺、鲋鱼。

② 颛顼（zhuān xū）：五帝之一，号高阳氏，是传说中北方的天神。

③ 九嫔（pín）：颛顼的九个嫔妃。

④ 罴（pí）：即马熊或棕熊，这种熊会爬树，会游泳。

⑤ 离朱：传说中的一种神鸟。

⑥ 鸱（chī）久：鸟名，猫头鹰的一种。

⑦ 视肉：传说中一种长相如牛肝的动物。如果从它身上割下一块肉，它很快就会恢复原状。

【译文】

有座山叫作务隅山，天帝颛顼就埋葬在这座山的南坡，他的九个嫔妃埋葬在北坡。有人说，这座山上有黑熊、马熊、老虎、离朱鸟、鸱久鸟、视肉等各种稀奇古怪的动物。

北方禺彊

北方禺彊[①]，人面鸟身，珥[②]两青蛇，践[③]两赤蛇。

【注释】

① 禺彊（qiáng）：也作“强”，也叫玄冥，水神名。

② 珥（ěr）：这里作动词，表示蛇在耳朵上挂着。珥，一种用珠宝或玉石做成的耳饰。

③ 践：践踏。

【译文】

北方有一位水神，名叫禺彊，他有着人一样的面孔和鸟一样的身体，耳上挂着两条青蛇，脚下踩着两条青蛇。

禺彊
辽代《山海经》帛画

卷九·海外·东经

导读

本卷记载的地域大致在现今中国的东部，具体位置难以确定。《海外·东经》紧接着《海外·南经》中的狄山，向北逐次展开叙述。所记载的这些国家中的人或身上长着长毛，或全身都是黑色的，或手拿两条蛇。

《海外·东经》中描述了一个君子国，那里的人们彬彬有礼，好让不争。可见，这种品行和思想一直植根于我们的传统文化之中。《山海经》中虽记载了大量的水神，但是以“水伯”为名的仅是《海外·东经》里的“天吴”，可见他在神话中的地位之高。西晋左思《吴都赋》、唐代李贺《浩歌》、南宋吴文英《莺啼序》中也都曾写到过天吴。

《海外·东经》还记载了中国神话中著名的大树——扶桑树。古人认为，天上原本有十个太阳，它们以扶桑树为家，每天轮流巡游天空，其他九个太阳都待在树上。所以，“日出扶桑”也反映了上古先民一种原始的宇宙观。中国历代文学作品中对汤谷、扶桑树和树上的太阳都有提及，如三国曹植《妾薄命行》、西晋陆机《前缓声歌》、五代温庭筠《鸿胪寺有开元中赐宴》、北宋张继先《度清霄》等。

在古代神话传说中，东、西、南、北、中五个方位都各有一个天帝和辅佐神。东方的天帝为青帝太昊，辅佐神就是本卷记载的“东方勾芒”。勾芒是中国古代民间神话中的木神、春神、东方之神，主管树木的发芽生长，与西方主管凋零死亡的死神蓐收相对应。据记载，自周代开始，农历立春这一天，周天子都要迎接勾芒神，这种迎春神的活动一直延续到清末。可见中国神话对岁时风俗的巨大影响。

《搜山图》

（南宋）苏汉臣　收藏于北京故宫博物院

与明代郑重版相比，此版的妖怪更加狰狞。

大人国

大人国[1]在其北，为人大，坐而削船[2]。一曰在䃂丘[3]北。

【注释】

① 大人国：传说中一个因身材高大而著称的海外国。

② 削船：可以指刻削船只，也可以指划船。

③ 䃂（jiē）丘：神话中的地名。

【译文】

大人国位于东海之外的北面，那里的人身材高大，可以坐着用刀削船。也有人说，大人国位于䃂丘的北边。

君子国

君子国[1]在其北，衣冠带剑，食兽，使二文虎在旁。其人好让不争。有薰华草[2]，朝生夕死。一曰在肝榆之尸北。

【注释】

① 君子国：因人民礼让谦逊而得名的海外国。据传，君子国距离琅琊山有三万里。

② 薰华草：即木槿（jǐn）树。《神农本草经》记载，木槿树早上开花，晚上凋谢。

【译文】

君子国位于东海之外的北面。这里的人个个穿戴整齐，腰上挂着剑，吃野兽的肉，在他们身旁常有两只老虎。君子国的人为人谦让，不爱好争斗。国中有木槿树，这种树早上开花，傍晚凋谢。也有人说，君子国位于肝榆之尸的北边。

朝阳之谷

朝阳之谷[①]，神曰天吴[②]，是为水伯[③]。在䖵䖵[④]北两水间。其为兽也，八首人面，八足八尾[⑤]，皆青黄。

【注释】

① 朝阳之谷：朝阳，即东面；谷，即流水的山涧。

② 天吴：传说中的神名。

③ 水伯：水神。伯是古人对神灵的一种尊称。

④ 虹虹（chóng）：同“虹”，一指霓虹。

⑤ 八尾：《山海经·大荒东经》作“十尾”。

【译文】

有座叫朝阳谷的山谷，那里住着位叫天吴的水神。朝阳谷位于两条彩虹以北的两河之间。这位叫天吴的神兽有八个脑袋，每个脑袋上都长着人一样的脸，还有八条腿、八条尾巴，全身青黄色。

天吴
辽代《山海经》帛画

青丘国

帝命竖亥[1]步[2]，自东极至于西极，五亿十选[3]九千八百步。竖亥右手把筭[4]，左手指青丘北。一曰禹令竖亥。一曰五亿十万九千八百步。

【注释】

① 竖亥：神话中善于行走的神人。

② 步：以脚步测量距离。

③ 选：数词，万。

④ 筭（suàn）：指古代计数的算筹，同“算”。

【译文】

天帝命令竖亥用脚步去测量大地，他从最东边走到最西边，一共走了五亿十万九千八百步。竖亥右手拿着算筹算步数，左手指着青丘国的北方方位。也有人说，是大禹令竖亥去做这件事的。还有一种说法是，竖亥一共走了五亿十万九千八百步。

竖亥

辽代《山海经》帛画

黑齿国

（黑齿国）下有汤谷[①]。汤谷上有扶桑[②]，十日所浴，在黑齿北。居水中，有大木，九日居下枝，一日居上枝。

【注释】

① 汤谷：又作旸（yáng）谷，传说这个山谷的水很热。

② 扶桑：神树名，传说是太阳升起的地方，又称扶木。

【译文】

黑齿国的下面有一个汤谷，谷里常年有热水。汤谷里有一棵扶桑树。这个汤谷是十个太阳洗浴的地方，就在黑齿国的北面。在水的中间，有一棵高大的树木，九个太阳在树下，一个太阳在树上。

黑齿国人
辽代《山海经》帛画

东方句芒

东方句芒[①]，鸟身人面，乘两龙。

【注释】

① 句（gōu）芒：传说中的木神，也是主管春季的东方天神太昊的辅佐神。

【译文】

东方的木神句芒，身体像鸟一样，脸却是一副人的模样，出游时，常乘两条龙。

卷十·海内·南经

导读

本卷记载的国家和山川大部分位于今海南、广西、广东、福建、浙江、四川、湖南、湖北等长江以南一带。《海内·南经》所记事物众多，有伯虑国、离耳国、氐人国、匈奴国等国家，也有大可吞象的巴蛇、长着龙头的窫窳（yà yǔ）、知晓人名的狌狌（xīng xīng）等怪兽，还有一些著名历史人物的故事，如夏启之臣孟涂断案的故事，以及记录了帝舜和帝丹朱的埋葬之地。“夏启之臣”中的巴国是上古时代生活在西南地区的氏族部落，与蜀国相邻。孟涂到巴地做神主的故事，揭示了古代巴地与中原地区的密切往来。另外，“巴蛇食象”中的巴蛇，与“司神于巴”的孟涂一样，是关于古代巴国为数不多的文字记载。

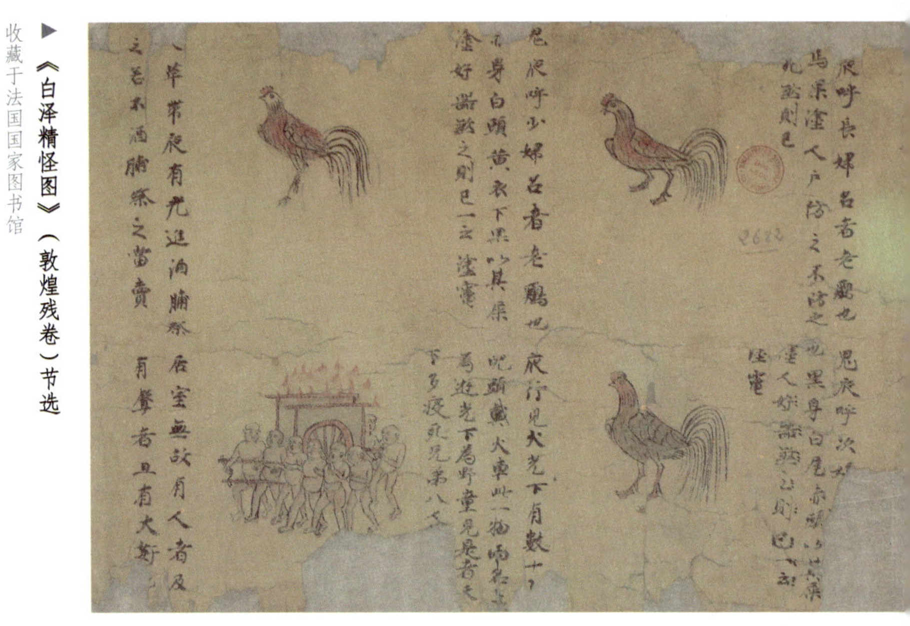

▶ **《白泽精怪图》（敦煌残卷）节选**

收藏于法国国家图书馆

白泽是中国古代神话中的神兽，象征着祥瑞，可以逢凶化吉。它会说人话，知道万物的情貌。此卷介绍了人们遇到怪异现象和恶鬼精怪时面临的情况，以及避灾的方法。

枭阳国

枭阳国[①]在北朐[②]之西。其为人，人面长唇，黑身有毛，反踵[③]，见人笑亦笑，左手操管[④]。

【注释】

① 枭（xiāo）阳国：枭阳，又作枭羊，是一种怪兽，在神话中是海内南方国名。

② 北朐（qú）：神话中的国名。

③ 反踵：脚跟在前，脚趾在后，脚后跟反着长。

④ 管：竹管。

【译文】

海内南方的枭阳国在北朐国西面。枭阳国的人长着人一样的脸，嘴唇非常长，浑身都是黑黑的，身上有浓密的毛，脚跟是反着长的，脚趾向后。如果这里的人见到别人笑，他们也会跟着笑。他们的左手都拿着竹管。

枭阳国人

辽代《山海经》帛画

巴国

夏后启之臣曰孟涂[1]，是司神于巴[2]。人请讼[3]于孟涂之所，其衣有血者乃执之，是请生[4]。居山上，在丹山[5]西。丹山在丹阳[6]南。丹阳，居属[7]也。

【注释】

① 孟涂：又称为孟徐，传说中的巴国的主人。

② 巴：古代巴国，在今四川、湖北等地。

③ 讼（sònɡ）：打官司、诉讼。

④　请生：好生，即为爱护生命。

⑤　丹山：巫山的古称。

⑥　丹阳：在今湖北省秭归县东，古地名。

⑦　居属："巴蜀"两个字的讹写。

【译文】

夏后启有一个名叫孟涂的臣子。他在巴国担任神主。有一个当地人，请孟涂审理当地的诉讼案，他根据双方身上的痕迹来做判断，将衣服上有血迹的那一方先抓起来。孟涂有秉公办案的美德。孟涂所住的山是位于西边的巫山，巫山位于丹阳的南边，丹阳则属于巴蜀之地。

窫窳与建木

窫窳[①]龙首，居弱水[②]中，在狌狌知人名之西[③]。其状如龙首，食人。有木，其状如牛，引之有皮，若缨、黄蛇；其叶如罗[④]，其实如栾[⑤]，其木若蓲[⑥]，其名曰建木[⑦]，在窫窳西弱水上。

【注释】

① 窫窳（yà yǔ）：神话传说中一种吃人的怪兽。

② 弱水：与昆仑山下的弱水同名，河流名。古时候，也把浅而不能载舟的水流称为弱水。

③ 狌狌：身体像猪、长着人脸的一种兽类，或为猩猩。

④ 罗：一种叫杨檖的树，俗名山梨。

⑤ 栾：木名。落叶乔本，开淡黄色花，果实椭圆形。

⑥ 蓲：刺榆。

⑦ 建木：神树。传说为天梯，各种神灵沿此上下，是沟通天地的纽带。

【译文】

海内的南方有一种名叫窫窳的怪兽。它长着龙一样的脑袋，住在弱水河中，位于狌狌的西边，吃人。这个地方有一棵很奇怪的树，外形像牛，如果拉一下它就会有树皮掉下来。这棵树的树皮像人头上戴的帽穗，也像一条黄色的蛇。这棵树的树叶像山梨叶，果实像栾树的果实，树干像刺榆树，树的名字叫建木。建木就长在窫窳西边的弱水河上。

狌狌
选自《山海经图鉴》

巴蛇食象

巴蛇[①]食象，三岁而出其骨。君子服之，无心腹之疾。其为蛇，青黄赤黑。一曰黑蛇青首，在犀牛[②]西。

【注释】

① 巴蛇：传说中的一种怪蛇，又作灵蛇，据说有一千寻（古代一寻为八尺左右）长。

② 犀牛：神兽名，身体像水牛，但有着猪一样的脑袋，脑袋上有三只角，分别在头顶、额头和鼻子上。

【译文】

海内的南方有一条名叫巴蛇的怪蛇，它竟然可以吃掉大象，而且在吃了大象的第三年，才会把骨头吐出来。如果君子吃了这种巴蛇，心脏和腹部便不会生病。这条蛇身上有四种颜色，即青色、黄色、红色、黑色。还有一种说法是巴蛇全身黑色，只有头部是青绿色的，它生长在犀牛所在地的西边。

巴蛇

辽代《山海经》帛画

巴蛇是中国古代神话传说中的巨蛇。据《山海经》记载，巴蛇生活在洞庭湖一带，能吞食大象，『人心不足蛇吞象』就由此而来。在《淮南子·本经训》中说，帝尧时候，十个太阳一起出来，晒焦了庄稼和草木，巴蛇等六种怪兽凶禽也趁机出来为祸人间。尧派神箭手后羿射掉了九个太阳，并除掉这六种祸害。在除巴蛇的时候，后羿先用箭射中了它，然后一直追赶到洞庭一带，才将其斩为两段。巴蛇的尸体后来变成了一座山丘，被称为巴陵。

氐人国

氐人国[①]在建木西。其为人，人面而鱼身[②]，无足。

【注释】

① 氐人国：神氐人，又作互人，是传说中的一个神奇的国家。

② 人面而鱼身：俗称的人鱼。

【译文】

海内南方有一个名叫氐人国的国家，位于建木的西边。这个国家的人长着人的脸，但身体像是一条鱼，并且没有脚。

卷十一·海内·西经

导读

本卷的记载围绕着昆仑山进行，重点记载了昆仑山中的河流（赤水、黄河、黑水）、神兽（开明兽）、动物（凤凰、鸾鸟）、植物（珠树、不死树），以及发生在这里的神话故事，如“贰负之臣杀窫窳”，巫彭、巫阳等六巫用不死之药救治窫窳等。

“贰负之臣杀窫窳”是一则有关神灵纠纷的神话。其主要内容是天神贰负和他的手下危，一起杀死了另外一个天神窫窳，天帝非常生气，就给危戴上枷锁、脚镣，把他囚禁在了疏属山上。唐代诗人李商隐在《为先辈献集贤相公启》中说“共工、蚩尤等人与贰负同拘”，把贰负和共工、蚩尤同列为恶毒的神灵。明代诗人卢柟在《狱夜书愁敬呈吴少槐吏部》诗中说：“天帝一震怒，贰负缚暝间。石室梏两足，仰无日月攀。”另一位明代学者王世贞在《寓怀》诗中说：“贰负杀窫窳，帝讨羁石室。”可以看出，贰负之臣杀窫窳的故事在后世流传甚广。

“群巫”讲的是窫窳被贰负与危杀死的后续故事。天神窫窳被恶神贰负和危联手杀死后，天帝惩罚了贰负和危，并责令一群巫医拿着不死药去救治窫窳，后来窫窳得以重生。

《山海经》中有很多这样零星的故事片段，章节片段之间都有联系，阅读时可以注意一下这种联系。

相柳
九首人面蛇身
燭陰
人面蛇身赤色身長千里鍾山之神也
山海經圖
神䰠
人面獸身一足一手居剛山
天狗
狀如貍而白首出陰山
猙
狀如赤豹五尾一角音如擊石出章莪山
麢羊
似羊而大細角有圍繞蹙文夜間懸角水上以防患翠山多此獸

《山海经图》彩绘本

（清）佚名 收藏于中国台北『国家图书馆』

《山海经图》是在吴任臣绘、乾隆五十一年（1786年）金阊书业堂刻本的基础上彩绘而来。图共有五卷，141图：卷一，灵祇20图；卷二，异域20图；卷三，兽族51图；卷四，羽禽22图；卷五，鳞介28图。这些彩绘图片比原图更加形象生动，清晰可观，为中国古代现存唯一的《山海经》彩绘图。现罗列一些，供大家欣赏。

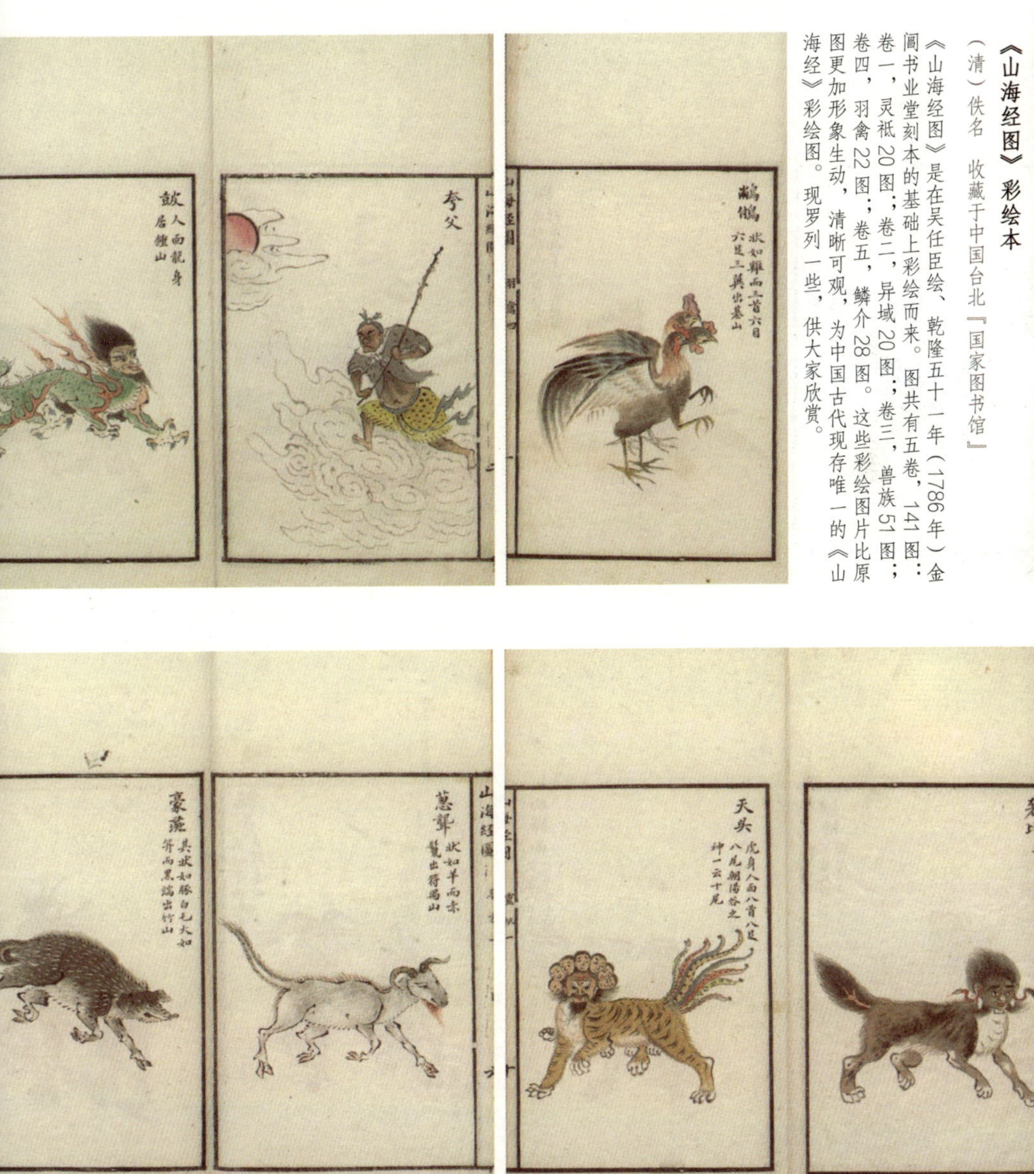

獙獙
狀如狐而有翼見則天下大旱出姑逢山
朱獳
狀如狐而魚翼見則其國有恐出耿山
山海經圖
獸族三
䮝
狀如麢羊四角馬尾而有距出太行山
騶虞
狀如虎而五彩畢具尾長於身乘之日行千里出林氏國
乘黃
狀如狐其背上有角乘之壽二千歲出白民國
山海經圖
獸族三
并封
狀如彘前後皆有首黑色出巫咸國之東

畢方 狀如鶴一足赤文青質白喙見則有譌火出章莪山
鴟 一首三身其狀如鸈出三危山
鵸鵌 狀如烏三首六尾善笑出翼望山
蚩鼠 狀如雞而鼠毛見則大旱出栒狀山
䳜鳥 狀如梟而三目有耳出首山之机谷
跂踵 狀如鴞一足彘尾見則大疫出復州山

鳧徯
狀如雄雞而人面見
則有兵出鹿臺山
讙
狀如貍一目三
尾出翼望山

开题国

贰负[①]之臣曰危[②]。危与贰负杀窫窳[③]，帝乃梏[④]之疏属之山[⑤]。桎[⑥]其右足，反缚两手与发[⑦]，系之山上木，在开题[⑧]西北。

【注释】

① 贰负：传说中人面蛇身的神名。

② 危：神名。

③ 窫窳（yà yǔ）：古代传说中的一种怪兽。

④ 梏（gù）：古代木制的镣铐。

⑤ 疏属之山：疏属山，山名。一说在今陕西省绥德县境内，一说在陕西省富县和洛川县间的雕山。

⑥ 桎（zhì）：这里指给（右脚）戴上脚镣。

⑦ 发：头发。

⑧ 开题：开题国。

【译文】

天神贰负有一位名字叫危的下属。危和贰负一起杀死了另外一位叫窫窳的天神。天帝非常生气，就用枷锁把危锁住，把他的右足戴上脚镣，囚禁在疏属山上。天帝还用危的长头发把他的双手反缚在一起，拴在了大树上。疏属山就在开题国的西北边。

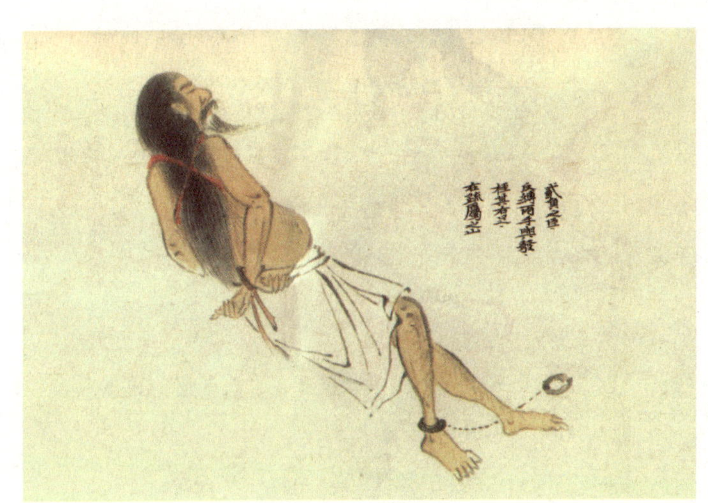

危

选自《山海经图鉴》

昆仑之墟

海内昆仑之墟[①]在西北，帝之下都。昆仑之墟，方八百里，高万仞。上有木禾[②]，长五寻，大五围[③]。面有九井[④]，以玉为槛[⑤]。面有九门[⑥]，门有开明兽[⑦]守之，百神之所在。在八隅之岩，赤水之际，非仁羿[⑧]莫能上冈之岩。

【注释】

① 墟（xū）：通“虚”，大的山丘。

② 木禾：神话传说中一种长在昆仑山上的谷类植物。

③ 围：两臂合抱为一围。

④ 九井：九口水质绝佳的神井。

⑤ 槛（jiàn）：栏杆。

⑥ 九门：九道城门。

⑦ 开明兽：又叫作陆吾，名叫开明的神兽。

⑧ 仁羿：后羿。

【译文】

海内的昆仑高山位于西北地区，它是黄帝设在下界的都城。这座昆仑山方圆八百里，有万仞高，山中有一种名叫木禾的神奇作物，长得有五寻那么高，有着粗壮的茎杆，要五个人手拉手才能围住。昆仑山的每一面都有九口井，每口井都以玉为围栏；每一面都有九道门，每道门都由开明神兽来把守。这座山里聚集着众多的神灵，这些神灵位于八个方位的山岩之中，居于赤水河的岸边。那里重峦险峻，如果不是像后羿这样的人是登不上这座山的。

开明兽

昆仑南渊[1]，深三百仞。开明兽，身大类虎而九首，皆人面，东向，立昆仑上。

【注释】

① 渊：有灵性的深渊。

【译文】

昆仑山南边有一座神奇的深渊，水深达三百仞。山中有一种神兽叫开明兽，身体和老虎一样大，长着九个脑袋，每个脑袋上都长着人一样的脸。开明兽的头朝向东方，站立在昆仑山上。

开明兽

辽代《山海经》帛画

开明兽在不同史料中的形象各有不同。在《山海经》中开明兽是昆仑山的守门神兽，《竹书纪年》中则称开明兽是服侍西王母的灵兽，拥有洞察万物、预卜未来的能力，每当西王母出巡，开明兽就在前引导，甚至亲自驾驶花车，深得西王母喜爱。此外，在蜀地的传说中，开明兽是古蜀国贤王开明氏死后上天化成。有意思的是，在《山海经》中，开明兽与陆吾样貌很相似，一个是九首虎身，为兽；一个是九尾人面虎身，为神。

异木

开明北有视肉、珠树①、文玉树②、玗琪树③、不死树④，凤皇、鸾鸟皆戴瞂⑤。又有离朱、木禾、柏树、甘水⑥。圣木⑦曼兑⑧，一曰挺木牙交⑨。

【注释】

① 珠树：长有珍珠的奇树。

② 文玉树：五彩玉树。

③ 玗琪（yú qí）树：神话中红色的玉树。一说为珊瑚树。玗琪，美玉。

④ 不死树：传说中的一种神树，吃了它的果实可以长生不老。

⑤ 瞂（fá）：盾牌。

⑥ 甘水：醴泉，甜美的泉水。

⑦ 圣木：神木，传说一种服食后令人圣明睿智的树。

⑧ 曼兑：神树名。

⑨ 挺木牙交：参考《淮南子》，是璇树，也是一种玉树，圣木曼兑的另一种说法。

【译文】

在开明兽所在之地的北面有割了又长的视肉，长有珍珠的树，五彩玉树，长有红玉的树，还有一种吃了果实可以长生不老的不死树。这里的凤凰、鸾鸟的头上都戴着盾。这里还有离朱鸟、木禾、柏树、甘水、圣木曼兑等各种珍稀物种。有人说，圣木曼兑又叫作挺木牙交。

群巫

开明东有巫彭、巫抵、巫阳、巫履、巫凡、巫相[1]，夹窫窳之尸，皆操不死之药以距[2]之。窫窳者，蛇身人面，贰负臣所杀也。

【注释】

① 巫彭、巫抵、巫阳、巫履、巫凡、巫相：都是古代的巫师。

② 距：抵挡。

【译文】

开明兽所在之地的东面有一群神巫，他们的名字叫作巫彭、巫抵、巫阳、巫履、巫凡、巫相，他们围在窫窳的尸体旁边，手里都拿着不死之药来帮助他抵挡死亡，试图让他活过来。这位窫窳长着蛇身人脸，正是那位被贰负属下危杀掉的天神。

服常树

服常树[①]其上有三头人[②]，伺[③]琅玕树[④]。

【注释】

① 服常树：一指沙棠树。

② 三头人：一个身子，三个脑袋，神话中的异人。

③ 伺：守候。

④ 琅玕（láng gān）树：一种果实为珠玉的树，可以用来做帽子上的饰品。琅玕，像珠子一样的美玉。

【译文】

海内的西部地区有一种叫服常树的神奇树木，这棵树上有一个长着三个脑袋的神人，在守候着结满珠玉的琅玕树。

卷十二·海内·北经

导读

《海内·北经》记载的地域大致位于昆仑山以东，经陕西、河北、朝鲜一直到东部的大海中。《海内·北经》主要记述了以下三方面的内容：一是昆仑山的动物、人文景观和神话故事；二是奇异的动物；三是东海的情况。值得说明的是，在《海内·北经》中，西王母与三青鸟的关系得到了明确，即三青鸟是为西王母取食的侍者。另外，现代汉语中的“魑魅魍魉”一词，也来源于《海内·北经》。再者，千里马的说法与《海内·北经》中的“驺吾”有很大关系。“驺吾”居住在林氏国，与老虎差不多，五彩斑斓，尾巴比身体长，不吃活物，很能奔跑，日行千里。

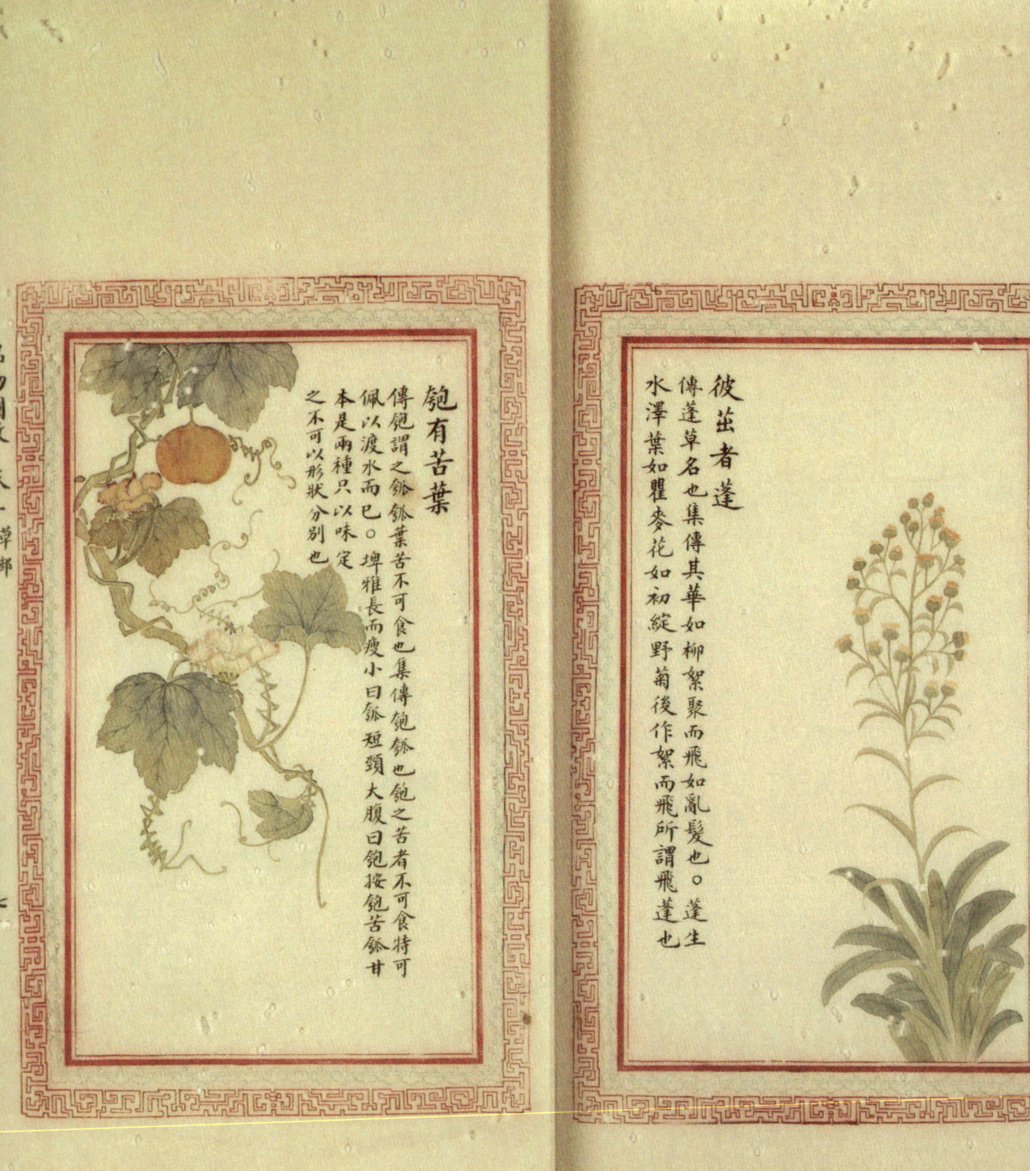
彼茁者蓬
傳蓬草名也集傳其華如柳絮聚而飛如亂髮也。蓬生
水澤葉如瞿麥花如初綻野菊後作絮而飛所謂飛蓬也
匏有苦葉
傳匏謂之瓠瓠葉苦不可食也集傳匏瓠也匏之苦者不可食特可
佩以渡水而已。埤雅長而瘦小曰瓠短頸大腹曰匏按匏苦瓠甘
本是兩種只以味定之不可以形狀分別也
草部
七

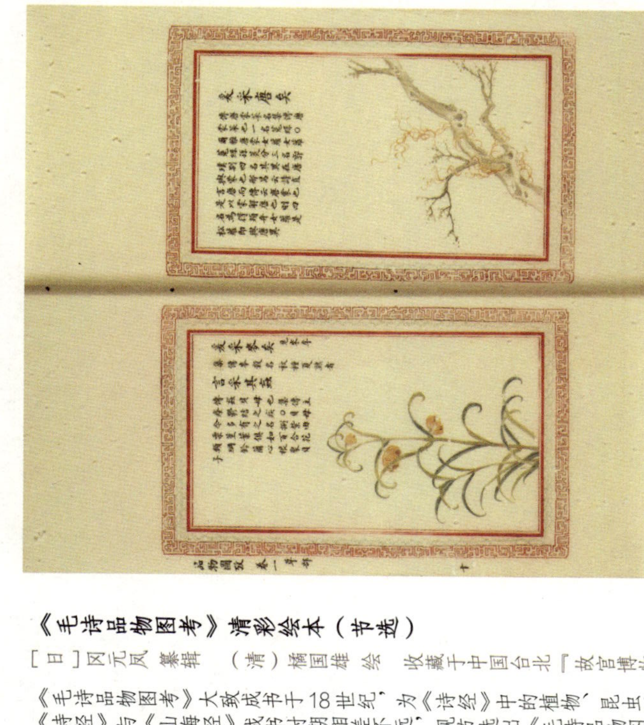

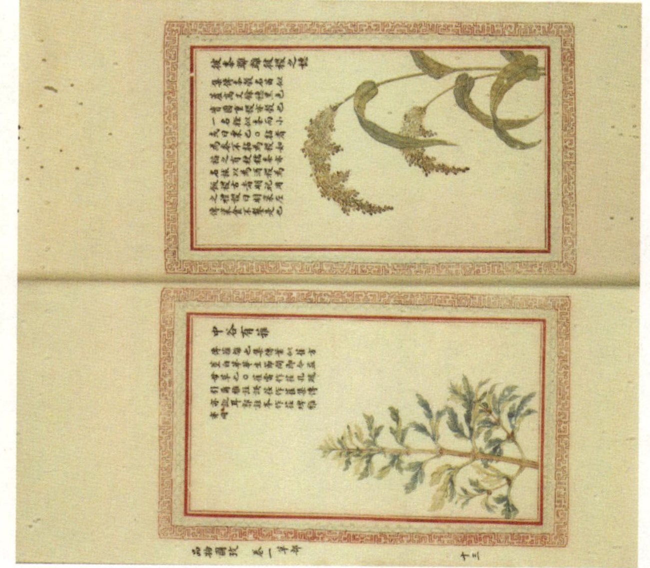

《毛诗品物图考》清彩绘本（节选）

[日]冈元凤 纂辑 （清）橘国雄 绘 收藏于中国台北『故宫博物院』

《毛诗品物图考》大致成书于18世纪，为《诗经》中的植物、昆虫、动物的图释。《山海经》流传下来的绘本中，关于草木的绘画很少。《诗经》与《山海经》成书时期相差不远，现节选出《毛诗品物图考》中关于草木的部分，供读者飨用。

西王母（一）

西王母，梯几[①]而戴胜[②]杖。其南有三青鸟，为西王母取食，在昆仑虚北。有人曰大行伯[③]，把戈[④]。其东有犬封国[⑤]。贰负之尸，在大行伯东。

【注释】

① 梯几：茶几。

② 戴胜：胜，古代妇女的首饰。戴胜，即为头戴首饰，即玉石做成的头簪（zān）。

③ 大行伯：神人名，疑为共工之子脩。

④ 戈：长柄，顶部有金属横刃，古代的一种兵器。

⑤ 犬封国：神话中南方的神奇国度。

【译文】

大神西王母，身子倚靠在一张桌几旁边，头上戴着用玉石磨成的簪子。在她的南边有三只羽毛青绿的鸟儿专门为她取食。西王母住在昆仑山的北边。有个人叫大行伯，手里拿着戈。东边有个叫犬封国的国家，贰负神的尸体也位于大行伯的东面。

犬封国

犬封国曰犬戎国①，状如犬。有一女子，方跪进杯②食。有文马，缟③身朱鬣④，目若黄金，名曰吉量⑤，乘之寿千岁。

【注释】

① 犬戎国：传说中，国人长着狗的脑袋、人的身体。

② 杯（bēi）：通“杯”，古字。

③ 缟（gǎo）：白色的丝织品。

④ 鬣（liè）：称鬣毛，兽类动物颈部的长毛。

⑤ 吉量：一种神马的名称，一字吉良。

【译文】

犬封国又叫作犬戎国，那里的人长得像狗一样。有一个女子，手拿着杯子，正跪着向人进献食物。这里还有文马，这种马全身白色，有着红色鬃毛，眼睛像黄金一样，名字叫吉量。人骑过这种马寿命可达千岁。

蜪犬

蜪犬[1]如犬，青[2]，食人从首始。

【注释】

① 蜪（táo）犬：神话中的一种兽类。一说为野狗。

② 青：青色。

【译文】

海内的北部有一种怪兽，样子像狗，名叫蜪犬。它通身青绿色，会吃人，并且吃人的时候先吃脑袋。

蜪犬 辽代《山海经》帛画

穷奇

穷奇[①]，状如虎，有翼[②]，食人从首始，所食被[③]发，在蜪犬[④]北。一曰从足[⑤]。

【注释】

① 穷奇：与饕餮（tāo tiè）齐名的一种贪吃的恶兽。

② 翼：翅膀。

③ 被：通“披”，指披散。

④ 蜪犬：传说中的兽类。一说是一种野狗。

⑤ 从足：从脚部开始。

【译文】

海内的北部有一种名叫穷奇的怪兽，它长得像老虎，长着翅膀，吃人的时候先吃头，被吃的人都是披头散发的。穷奇在蜪犬的北面。也有人说，穷奇吃人的时候是从脚开始的。

穷奇
辽代《山海经》帛画

袜

袜[1]，其为物，人身黑首，从目[2]。

【注释】

① 袜（mèi）：同“魅”，指鬼怪。

② 从目：从，通“纵”，从目即纵目，眼睛是竖着长的。

【译文】

海内的北部有一种名叫袜的鬼怪，它长着像人一样的身体，有着黑色的脑袋，眼睛是竖着长的。

驺吾

林氏国[①]有珍兽，大若虎，五彩毕具[②]，尾长于身，名曰驺吾[③]。乘之，日行千里。

【注释】

① 林氏国：神话传说中的西北方异国。一说又称为林胡、林戎，大约在今河北北部。

② 毕具：全部具备。

③ 驺（zōu）吾：一说即驺虞。一种类似千里马的神兽。

【译文】

在海内西北部的林氏国里，有一种珍奇的神兽，它的外形和老虎差不多，身上五彩斑斓，尾巴比身体还要长，名字叫驺吾。人如果骑上它，每天可以跑一千里路。

驺吾

选自《山海经图鉴》

从极之渊

从极之渊[①]，深三百仞[②]，维冰夷[③]恒都焉。冰夷，人面，乘两龙。一曰忠极之渊。阳汙[④]之山，河出其中。凌门[⑤]之山，河出其中。

【注释】

① 从极之渊：从极，一作纵极，又作中极。传说中的北方深渊。

② 仞：古代计量单位，以七尺或八尺为一仞。

③ 冰夷：又作冯夷，也叫河伯，传说中的水神，即黄河之神。

④ 阳汙（wū）：汙，通“污”。山名，即阳纡山，在陕西省境内。一说指潼关。

⑤ 凌门：山名，又叫龙门山，在今陕西省韩城市附近。

【译文】

海内北部地域有一座从极之渊，这座深渊有三百仞深，是水神冰夷的住所。这位水神长着人的脸孔，出行时乘着两条龙。还有一种说法是，从极之渊又叫忠极之渊。阳汙山，是黄河支流的发源地；凌门山，是黄河支流另一个发源地。

登比氏

舜[①]妻登比氏[②]生宵明、烛光[③]，处河大泽[④]。二女之灵能照此所方百里。一曰登北氏。

【注释】

① 舜：上古时期的帝王，姓姚，名重华，尧把帝位禅让给舜，舜又把帝位禅让给了禹。

② 登比氏：登比，一作癸北或癸比。人名，舜的三个妻子之一。另外两个妻子为尧的两个女儿娥皇和女英。

③ 宵明、烛光：传说中舜的两个女儿，因能给人带来光明而得名。

④ 大泽：一说为洞庭湖。即为河边的滩涂之地。

【译文】

舜帝娶了登比为妻，生了两个女儿，一个叫宵明，一个叫烛光，她们都居住在黄河边的一片滩涂上。这两个女儿的灵光能够照亮方圆百里的地方。也有人说，舜的妻子其实名叫登北氏。

陵鱼

陵鱼[①]，人面、手足[②]、鱼身，在海中。

【注释】

① 陵鱼：传说中的一种怪鱼，又作鲮鱼、鲮鲤，一说为儒艮，体长达 1.5—2.5 米，前肢鳍状，后肢退化。

【译文】

陵鱼长着人的面孔，有手有脚，但有鱼一样的身体，生活在大海中。

陵鱼
选自《山海经图鉴》

卷十三·海内·东经

导读

《海内·东经》相比于其他卷，内容要少很多，主要记述了中国河北至浙江一带的山川分布情况。

《海内·东经》记述了关于雷神的传说。雷神人首龙身，居住在雷泽，只要拍打一下肚子，就会打雷下雨。这个说法也成为上古时期人们对打雷这一自然现象的解释。后来，雷神形象被描写进了中国古代典籍中。《楚辞·离骚》有："鸾皇为余先戒兮，雷师告余以未具。"《淮南子·地形训》有："雷泽有神，龙身人头。"《搜神记》有："（雷神）色如丹，目如镜，毛角长三尺，状如六畜，似弥猴。"《云仙杂记·天鼓》有："雷曰天鼓，雷神曰雷公。"《梦溪笔谈》也有："世传雷州多雷，有雷祠在焉，其间多雷斧、雷楔。"这都说明《山海经》塑造的雷神形象深入人心。

《海怪图记》（节选）

（清）佚名　收藏于中国台北“故宫博物院”

《海怪图记》是一套19世纪初介绍中国附近海域鱼类、甲壳类动物的外销画图册。画中海洋生物奇形怪状，具体名称大多已不可考。

雷泽

雷泽[①]中有雷神[②]，龙身而人头，鼓其腹，在吴西[③]。

【注释】

① 雷泽：古代泽名。一说在今山东省境内，一说在今山西省境内。

② 雷神：又叫雷公、雷师，中国古代神话中掌管雷鸣的神。

③ 吴西：吴国的西边。

【译文】

雷泽中有一位雷神，他长着龙的身子、人的脑袋。这位天神只要敲击自己的肚皮，天上就会发出隆隆的雷声。他住在吴国的西边。

荒经

卷十四·

大荒·东经

导读

《大荒·东经》内容庞杂，不少与《海外·东经》相同，记述的区域大致位于中国东部。《海外·东经》中的大人国、君子国、青丘国、黑齿国汤树和扶桑树，在《大荒·东经》中也都有记述。但总体说来，《大荒·东经》要比《海外·东经》丰富得多。另外，《大荒·东经》的女丑尸和大蟹分别在《海外·西经》《海内·北经》中有记述，可能是编辑错误。《大荒·东经》中强调日月的存在，说明了上古先民对天体运行的重视。

《大荒·东经》中，黄帝以夔皮制鼓，鼓声威震天下。因此，夔具有“威慑”“镇邪”的作用。这个神话也在民间流传很广。《大荒·东经》中关于小人国的描述流传后世。如战国的《列子·汤问》》写道：“东北极有人，名曰竫人，长九寸。”竫人就是小人。唐代诗人柳宗元也曾写道：“北方竫人长九寸，开口抵掌更笑喧。”在“女和月母之国”篇中，记述了季风狄风。在“应龙”篇中，记述关于天气的祭祀仪式：祈雨。这些记述都值得重视。

紫雲
紫之
逍遙仙

《会仙山图》

（明）张铁 收藏于中国台北『故宫博物院』

《会仙山图》全名《陆深愿丰堂会仙山图》，是1515年张铁应陆深的邀请帮忙描绘自己掇叠的『会仙山』而作。据《说文解字》：『仙，长生仙去，从人从山。』可见，古人认为，人要成仙，必须选择灵山，潜心修行。中国道教中的仙山，如方丈、蓬莱、瀛洲等，大多源于《山海经》。

少昊之国

东海之外大壑[①]，少昊[②]之国，少昊孺[③]帝颛顼[④]于此，弃其琴瑟[⑤]。有甘山者，甘水出焉，生甘渊[⑥]。

【注释】

① 壑（hè）：深沟、深坑。

② 少昊：上古时期远古东夷部族的首领，传说少昊为黄帝的儿子玄嚣。

③ 孺（rú）：这里是养育的意思。

④ 颛顼（zhuān xū）：传说中的古代部族首领，五帝之一，号高阳氏，相传为黄帝之孙、昌意之子，生于若水，居于帝丘。

⑤ 琴瑟（sè）：神话传说中伏羲创制的两种乐器。其中，琴原来有五根弦，后来改为七根弦，瑟有二十五根弦。

⑥ 渊：神话中羲和给太阳洗澡的地方。

【译文】

东海之外，有一条很深的沟壑，它是少昊建国的地方。少昊在这里养育了颛顼帝，并把其年少时用过的琴和瑟都丢在大壑之中。国内还有一座山，名叫甘山，它是甘水的源头，甘水流出后汇聚成了甘渊。

大言山

东海[1]之外、大荒[2]之中，有山，名曰大言[3]，日月所出。

【注释】

① 东海：所指因时而异，先秦时代多指今天的黄海。

② 大荒：最荒远的地方。

③ 大言：唐代《初学记》卷五引《山海经》作“大谷”，山名。

【译文】

位于东海之外的大荒中，有一座山叫大言山，这里是太阳和月亮升起的地方。

小人国

有小人国，名靖人[1]。有神，人面兽身，名曰犁魗[2]之尸。

【注释】

① 靖（jìng）人：神话中只有九寸高的矮人国。一作竫人。

② 犁䰱（líng）：传说中的神名。相传犁融氏死后，尸体在荒野中长时间不腐坏。

【译文】

东方的荒野中有这样一个小人国，这里的人叫靖人。还有一位神灵，长着人的脸、兽的身体，它的名字叫犁䰱之尸。

犁䰱之尸
辽代《山海经》帛画

中容之国

大荒[1]之中，有山，名曰合虚，日月所出，有中容之国[2]。帝俊[3]生中容，中容人食兽、木实[4]，使四鸟[5]，豹、虎、熊、罴。

【注释】

① 大荒：最荒远的地方。

② 中容之国：传说中舜帝后裔建立的国家。

③ 帝俊：古帝名，传说中的五帝之一，黄帝的儿子玄嚣的后裔。

④ 木实：树木的果实。

⑤ 使四鸟：古代认为“鸟兽通名”，鸟即是兽，兽即是鸟。使四鸟，就是驱使四兽。

【译文】

东方的荒野中，有一座名叫合虚的山，这是太阳和月亮升起的地方。有一个国家叫中容国，帝俊生于中容，中容国的人以野兽的肉和赤木玄木的果实为吃食，还会驱使豹、虎、熊、罴这四种猛兽。

司幽之国

有司幽[①]之国。帝俊生晏龙[②]，晏龙生司幽。司幽生思士，不妻；思女，不夫。食黍[③]、食兽，是使四鸟。

【注释】

① 司幽：幽，黑暗、幽暗。一作思幽，国名兼人名。

② 晏龙：帝俊的儿子，主管琴瑟音乐，相传为虞舜的纳言官。

③ 黍（shǔ）：一种俗称黄米的谷类农作物。

【译文】

东方的荒野中有一个叫司幽国的国家。帝俊生了晏龙，晏龙生了司幽。司幽生了个叫思士的男孩儿，又生了个叫思女的女孩儿，思士长大后不娶妻子，思女长大后不嫁丈夫。在这个国家，人们吃黄米，也吃野兽，还能驱使豹、虎、熊、罴四种猛兽。

鞠陵于天

大荒[1]之中，有山，名曰鞠陵于天[2]、东极[3]、离瞀[4]，日月所出。（有神）名曰折丹[5]，东方曰折，来风曰俊[6]，处东极以出入风[7]。

【注释】

① 大荒：最荒远的地方。

② 鞠（jū）陵于天：山名。

③ 东极：山名。

④ 离瞀（mào）；山名。

⑤ 折丹：神人名。

⑥ 俊：风名，意思是春季从东方吹来的风。

⑦ 出入风：掌管风的出入。

【译文】

在荒远的东方天地之中，有三座山，分别是鞠陵于天、东极、离瞀，这里是太阳和月亮升起的地方。有一位叫折丹的神人，东方称为折，春季从东方刮来的风称为俊。神人折丹就位于大地的最东面，掌管着风的出入。

禺猇

东海之渚[1]中，有神，人面鸟身，珥两黄蛇，践两黄蛇，名曰禺虢[2]。黄帝生禺猇，禺猇生禺京[3]，禺京处北海，禺猇处东海，是惟海神。

【注释】

① 渚（zhǔ）：水中的小块陆地，这里意指海岛。

② 禺猇（xiāo）：东海海神。

③ 禺京：北海海神。一说即禺彊（qiáng）；一说禺强。

【译文】

在东海的海岛上有个神人，他长着人的面孔和鸟的身子，他以两条黄蛇为耳饰，脚下也踩着两条黄蛇，名叫禺猇。黄帝生了禺猇，禺猇生了禺京。禺京所在北海，禺猇所在东海，他们都是海神。

扶木

大荒之中有山，名曰孽摇頵羝[①]。上有扶木[②]，柱[③]三百里，其叶如芥[④]。有谷，曰温源谷、汤谷，上有扶木。一日方至，一日方出，皆载于乌[⑤]。有神，人面、犬耳、兽身，珥两青蛇，名曰奢比尸。有五采之鸟，相乡弃沙[⑥]，惟帝俊下友[⑦]。帝下两坛[⑧]，采鸟是司。

【注释】

① 孽（niè）摇頵羝（yūn dī）：神话中的山名。

② 扶木：即扶桑树，一作榑（zūn）木。

③ 柱：像柱子一样直立高耸。

④ 芥（jiè）：芥菜。一年或两年生草本植物，开黄色花。

⑤ 乌：乌鸦。传说太阳里有一只长有三条腿的乌鸦。

⑥ 相乡弃沙：乡，通“向”，相对。弃沙，梳理羽毛的样子。

⑦ 下友：一说指下界的朋友；一说指从天上下来的朋友。

⑧ 坛：古代用于祭祀的高台。

【译文】

东方的荒野中有一座名叫孽摇頵羝的山。山上有一棵扶桑树，树干有三百里，树叶像芥菜的叶子一样。有一座叫温源谷或汤谷的山谷，谷里长着扶桑树。太阳就是从这棵扶桑树上开始一天的运行，一个太阳刚刚回来，另一个太阳又出发了，它们都是被一只三足乌鸦背着走的。有一位神人，长着人的脸、狗的耳朵、兽的身子，耳上挂着两条青蛇，名字叫奢比尸。山中有鸟儿，常常面对面起舞，它们都是帝俊在下界的朋友。五彩鸟管理着天帝设在人间的两座神坛。

奢比尸
选自《山海经图鉴》

女和月母之国

有女和月母[①]之国，有人名曰鳧[②]。北方曰鳧，来之风曰狻[③]。是处东极隅，以止日月，使无相间出没，司其短长[④]。

【注释】

① 女和月母：神话中的神名。

② 鳧（wǎn）：神名。

③ 狻（yǎn）：风名，北风又叫猴风。

④ 短长：指白天和夜晚的时间长短。。

【译文】

东方的荒野中有一个叫女和月母的国家，这里有一位叫作鳧的神人，北方称之为鳧，从北方刮过来的风叫狻风。这位神人住在东北角，他控制着太阳和月亮，可以调节它们出没时间的长短。

应龙

大荒东北隅中有山，名曰凶犁[①]土丘。应龙[②]处南极，杀蚩尤[③]与夸父[④]，不得复上，故下数旱。旱而为应龙之状，乃得大雨。

【注释】

① 凶犁：一作凶黎，山名。

② 应龙：呈龙的形状，古代传说中善兴云作雨的神。

③ 蚩（chī）尤：传说中制造兵器的人，相传有兄弟八十一人，以铜作兵器。一说为东方九黎族首领，后与黄帝战于逐鹿。

④ 夸父：神话传说中的人物。

【译文】

荒远之地的东北角有一座山，叫凶犁土丘，应龙住在这座山的最南面，他因杀了蚩尤和夸父，再也不能回到天界，所以下界多次发生旱灾。每当大旱时，人们便模仿应龙的样子求雨，天上就会降雨。

应龙
辽代《山海经》帛画

夔

东海中[①]，有流波山[②]，入海七千里。其上有兽，状如牛，苍身[③]而无角，一足，出入水则必风雨。其光如日月，其声如雷，其名曰夔[④]。黄帝[⑤]得之，以其皮为鼓，橛[⑥]以雷兽[⑦]之骨，声闻五百里，以威天下。

【注释】

① 东海：所指具体哪片海，随着时代不同而变化。先秦古籍中的海多相当于今天的黄海，秦汉以后，认为黄海、东海同为东海。明代以后，北部称为黄海，南部仍称为东海。

② 流波山：山名。一说指散布在渤海之中的冀东山岭。

③ 苍身：苍，深青色。深青色的身体。

④ 夔（kuí）：传说中的一种怪兽，外形如龙，只有一条腿。

⑤ 黄帝：传说中中原各族的祖先，姬姓，为少典之子，号轩辕氏、有熊氏，曾打败炎帝和蚩尤。

⑥ 橛（jué）：敲。

⑦ 雷兽：即雷神，古代掌管司雷的神。

【译文】

东海中有一座山，名叫流波山，这座山距离入海口七千里远。

山上有一种外形与牛相似的怪兽，长着深青色的身子，但头上没有角，只有一条腿。这头怪兽出入水中的时候，一定会有风雨相伴，身上发出的光犹如日月般明亮。它发出的声音像是打雷声，名字叫夔。黄帝得到它之后，把它的皮作鼓面，用雷神身上的骨头来敲打这面鼓，鼓声震耳欲聋，在五百里之外都能听见。黄帝以此来震慑

夔
辽代《山海经》帛画

卷十五·

大荒·南经

导读

本卷记载的内容较为杂乱，其中不少与《海外·南经》相同，比如本卷所讲述的“讙头”和《海外·南经》中讲的“讙头”非常相似，大致在中国的南方。

在《山海经》中，关于“舜葬苍梧”明确记载共有三处，其中一处就在本卷。西汉司马迁在写《史记》时就将“舜葬苍梧”纳入了正史中。在唐诗中，也常常可见涉及“舜葬苍梧”的诗句，如李白《答高山人兼呈权顾二侯》：“明晨去潇湘，共谒苍梧帝。”杜甫《八哀诗·赠秘书监江夏李公邕》：“日斜鹏鸟入，魂断苍梧帝。”韦庄《悼亡姬》：“湘江水阔苍梧远，何处相思弄舜琴。”

“羲和生十日”是非常古老的神话之一，也被学术界列入创世神话当中，反映的是古代先民对太阳缘起的解释。在这则神话中，羲和充当的是太阳母亲的角色。在之后的演变中又有了《楚辞·离骚》中的：“吾令羲和弭节兮，望崦嵫而勿迫。”《楚辞·天问》：“羲和之未扬，若华何光。”王逸注：“羲和，日御也。言日未出之时，若木何能有明赤之光华乎。”汉代《前汉纪·前汉孝宣皇帝纪卷第十八》：“丞相又奏言古有羲和之官。以承四时之节，以敬授民事。”羲和又发展为一种官职。不难看出这一文化现象对文学、政治的影响之深。

继《大荒·东经》东海之神禺猇、北海之神禺京之后，本卷的“不廷胡余”一节说到了四海海神中的南海之神不廷胡余，并对其外貌进行详细描述。

最后，本卷中所说的臷民之国，与《西山经》中的“鉴山”、《海外西经》中的“诸夭之野”一样，都代表了古人理想中的人间乐园。

《五星二十八宿图》册

（清）丁观鹏　收藏于中国台北『故宫博物院』

五星，指金、木、水、火、土五大行星。二十八宿，指在黄、天赤道附近天域划分出来的东北西南四宫，每宫七宿，共二十八宿。在《五星二十八宿图》中，星宿形象被人格化、拟人化或者兽首人身化。其中的神兽形象与《山海经》中描述的多有相似。

苍梧之野

南海之中，有氾天[①]之山，赤水穷[②]焉。赤水[③]之东，有苍梧之野[④]，舜与叔均[⑤]之所葬也。爰有文贝、离俞[⑥]、鸱久[⑦]、鹰、贾[⑧]、委维[⑨]、熊、罴[⑩]、象、虎、豹、狼、视肉[⑪]。

【注释】

① 氾（fàn）天：山名。

② 穷：尽。

③ 赤水：水名。一说指发源于云贵高原的盘江。

④ 苍梧之野：即苍梧山，湖南九嶷（yí）山。

⑤ 叔均：又称商均、始均，传说为舜帝的儿子。一说为台玺之子，是田祖（田神）。

⑥ 离俞：即离朱鸟。

⑦ 鸱久：即鸺鹠（xiū liú），俗称小猫头鹰。一说为乌鸦。

⑧ 贾（jiǎ）：鹰的一种，即鹞（yào）。

⑨ 委（wēi）维：即委蛇，传说中的一种怪蛇。

⑩ 罴（pí）：棕熊。

⑪ 视肉：兽名。

【译文】

在南海之中，有一座氾天山，它位于赤水的尽头。赤水东面有个叫苍梧之野的地方，帝舜与他的儿子叔均死后都埋葬在这里。这座山上有彩色的贝壳、离俞鸟、鸺鹠、老鹰、鹞子、委蛇、黑熊、棕熊、大象、老虎、豹子、狼和视肉。

巫山

有巫山①者，西有黄鸟②。帝药③、八斋④。黄鸟于巫山司此玄蛇。

【注释】

① 巫山：巴东巫峡附近的山名，泛指长江三峡。

② 黄鸟：神话中轩辕山上的异鸟。清代学者汪级认为是黄鹂鸟，又叫黄莺。

③ 帝药：天帝的药。

④ 斋：屋舍。

【译文】

南方大荒之中，有一座巫山，山西面有黄鸟，天帝的丹药就存放在巫山的八处斋舍中。黄鸟在巫山上负责监视黑蛇。

不廷胡余

南海渚中有神，人面，珥两青蛇，践两赤蛇，曰不廷胡余[①]。有神，名曰因因乎[②]。南方曰因乎，夸风曰乎民，处南极以出入风[③]。

【注释】

① 不廷胡余：一作不返胡余。神名。

② 因因乎：神名。

③ 出入风：这里指掌管风的出入。

【译文】

在南海的岛上有一位神，他长着人一样的脸，耳朵上缠绕着两条青蛇，脚下踩着两条红蛇，名字叫作不廷胡余。还有一位名叫因因乎的神，南方称他为因乎，夸风称他为乎民，因因乎在大地的最南端掌管风的出入。

不廷胡余
辽代《山海经》帛画

臷民之国

有臷民之国。帝舜生无淫[①]，降臷处，是谓巫臷民。巫臷民朌姓，食谷。不绩不经[②]，服也；不稼不穑[③]，食也。爰[④]有歌舞之鸟，鸾鸟[⑤]自歌，凤鸟[⑥]自舞。爰有百兽，相群爰处，百谷所聚。

【注释】

① 无淫：神话中帝舜的儿子。

② 不绩不经：不纺纱织布。绩，把麻纤维或丝线等搓成绳索或者拧成线，也就是我们通常所说的纺线、纺纱；经，织布前在机杼上绷齐并梳整沙缕，这里代指织布。

③ 不稼（jià）不穑（sè）：不播种、不收割庄稼。稼，种植谷物；穑，收割庄稼。

④ 爰：这里，那里。

⑤ 鸾鸟：传说中凤凰一类的鸟。

⑥ 凤鸟：雄的凤凰。

【译文】

南方荒野之中，有一个载民国。帝舜生了无淫，后来无淫被流放至载地，这里的人就被称为巫载民。巫载国的人都以朌为姓，以谷为食，他们不用纺织就有衣服穿，不用耕作就有粮食吃。这里生长着擅长唱歌跳舞的鸟，鸾鸟自由自在地歌唱，凤鸟自由自在地跳舞。这里有各种各样群居的野兽，还是百谷聚集生长的地方。

枫木

有宋山者，有赤蛇，名曰育蛇。有木生山上，名曰枫木[①]。枫木，蚩尤所弃其桎梏，是为枫木。

【注释】

① 枫木：枫香树。一种落叶乔木，裂片卵状三角形，边缘有细锯齿，春季开淡黄绿色花，秋季变成红色。

【译文】

南方大荒之中，有一座宋山，山中有一种赤蛇，名叫育蛇。有一种树生长在山上，这种树名叫枫树。传说蚩尤把他身上的脚镣、手铐扔在地上，于是长出了枫树。

讙头

大荒[①]之中，有人名曰讙头[②]。鲧妻士敬，士敬子曰炎融，生讙头。讙头人面、鸟喙、有翼，食海中鱼，杖翼而行，维宜芑[③]、苣[④]、秬[⑤]、杨[⑥]是食。有讙头之国。

【注释】

① 大荒：最荒远的地方。

② 讙（huān）头：既是人名，也是国名。还有一种说法，讙头是讙兜，颛顼的后羿。

③ 芑（qǐ）：高粱一类的农作物。

④ 苣（jù）：莴苣。一说指黑黍。

⑤ 秬（lù）：糯稻，一种后种先熟即生长期短的谷物。

⑥ 杨：有学者认为是白杨。

【译文】

南方的荒蛮之野中有一个叫作讙头的人。鲧有一个妻子名叫士敬，士敬的儿子叫炎融，是炎融生下了讙头。讙头有人一样的脸孔，但是嘴巴是鸟嘴巴的形状，背上有一对翅膀但不能飞，他以海中的鱼儿为食物，依靠翅膀来行走。他特别喜欢吃高粱、莴苣、糯稻和白杨叶，于是后来就有了讙头国。

讙头
辽代《山海经》帛画

羲和浴日

东南海[①]之外、甘水之间，有羲和[②]之国。有女子，名曰羲和，方浴日于甘渊。羲和者，帝俊之妻，生十日[③]。

【注释】

① 东南海：应作“东海”，南字应为衍文。

② 羲（xī）和：神话中主管太阳和月亮的女神。一说是太阳的母亲。

③ 生十日：生了十个儿子，即十个太阳。

【译文】

东南方的大海之外、甘水和东海之间，有一个名叫羲和国的国家。国中有一位名字叫羲和的神女，她正在甘渊中给太阳洗澡沐浴。这位羲和是帝俊的妻子，她生下了十个儿子，这十个儿子就是天空中的十个太阳。

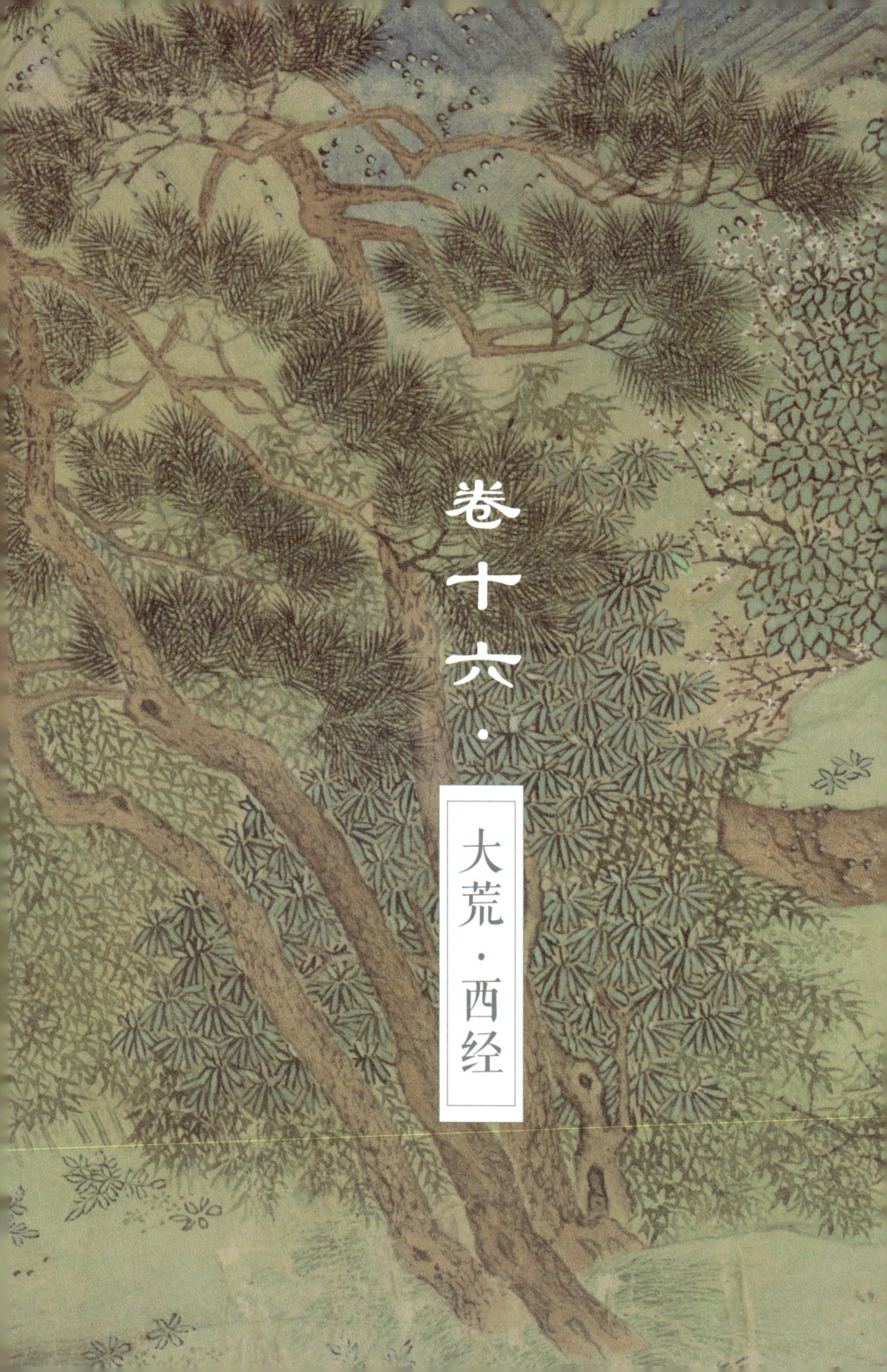

卷十六・大荒・西经

导读

《大荒·西经》记述的地理位置大致在中国西部，不少内容与《海外·西经》相同。如女丑尸、轩辕国等，二者都有记述。还有，两者之间存在名称不一样，但从描述上来考察，却是同一事物的情况。如在《大荒·西经》中的白氏国，在《海外·西经》则被描述为白民国。据此可知，二者描述的地理位置有交叉的地带，《大荒·西经》的范围应该是接着《海外·西经》的范围再往西。

在《大荒·西经》中，有不少记述值得我们关注。如“女娲之肠”，某种程度上可以说明母系氏族社会的衰落；如“常羲浴月”，表明上古先民对月令的重视；如“西周之国”，记载了周王朝先祖的历史。这些记述，对于从神话故事中发现历史真相，或用历史事实去解读神话故事，都很有意义。

《山海经广注》清刻本（节选）

（清）吴任臣 注

吴任臣注的《山海经广注》因为新增补5卷《山海经图》，又被称为《增补绘像山海经广注》。全书一神一图，深得山海神兽形象的精髓。

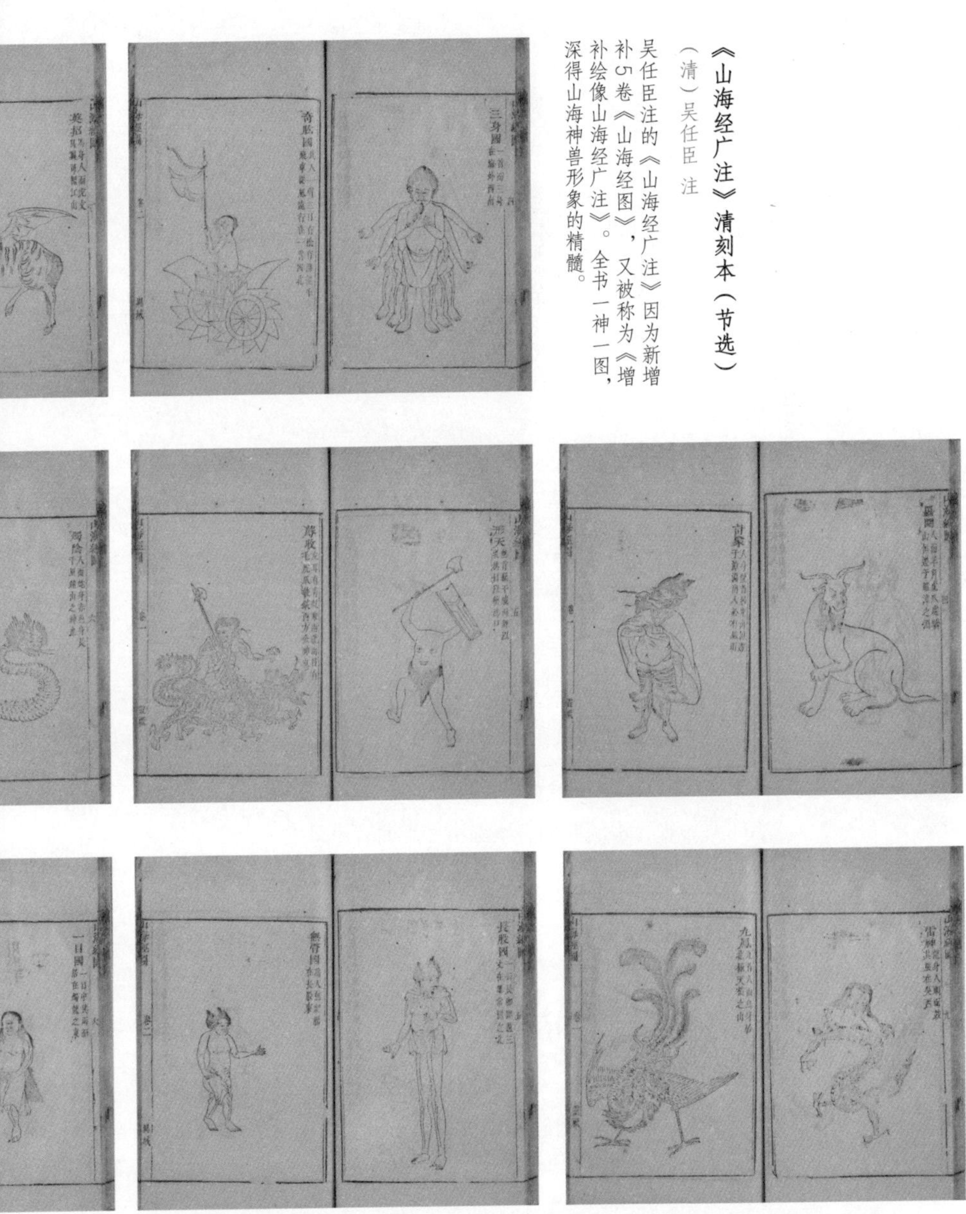

不周负子

西北海之外、大荒之隅，有山而不合，名曰不周负子[①]，有两黄兽守之。有水，曰寒暑之水[②]。水西有湿山，水东有幕山。

【注释】

① 不周负子：神话中的不周山。

② 寒暑之水：河流名，传说中这条河水南边热，北边冷。

【译文】

在西北海之外最荒远的角落，有一座山形缺损的山，叫作不周负子（不周山），有两个黄色的兽守卫着这座山。山中有一条水，名叫寒暑水，水的西面有座湿山，东面有座幕山。

女娲之肠

有国名曰淑士[1]，颛顼之子[2]。有神十人，名曰女娲之肠[3]，化为神，处栗广之野[4]，横[5]道而处。有人，名曰石夷[6]，来风曰韦，处西北隅，以司日月之长短。有五采之鸟[7]，有冠，名曰狂鸟[8]。

【注释】

① 淑士：国名。

② 颛顼（zhuān xū）之子：颛顼，传说中古代部族首领，号高阳氏，生于若水，居住在帝丘，位于今天的河南省濮阳市。颛顼之子就是淑士的后代。

③ 女娲之肠：神名。

④ 栗广之野：神话中的地名。

⑤ 横：侧，旁边。

⑥ 石夷：西方神名。

⑦ 五采之鸟：羽毛五彩斑斓的鸟。

⑧ 狂鸟：头上的羽冠像凤凰的一种异鸟。

【译文】

有个国家名叫淑士，是由颛顼的儿子淑士的后代组建而成的。

有十位神人，合称女娲之肠，这些神人是由女娲的肠子变成的，他们居住在栗广的原野上，紧挨着道路。有个名叫石夷的人，风吹来的地方叫作韦，他处在西北角以掌管日月运行时间的长短。有一种鸟，身上五彩斑斓，头上有冠，名字叫狂鸟。

西周之国

西北海之外，赤水①之东，有长胫之国②。有西周之国③，姬姓，食谷。有人方耕，名曰叔均④。帝俊生后稷⑤，稷降以百谷。稷之弟曰台玺⑥，生叔均。叔均是代其父及稷播百谷，始作耕。

【注释】

① 赤水：一说指金沙江；一说指额尔齐斯河。

② 长胫之国：国名，国民小腿较长。胫，小腿。

③　西周：古代部落。始祖为后稷，姬姓国。周朝分为西周和东周两个时期。

④　叔均：后稷之弟台玺的儿子。一说是后稷的孙子。

⑤　后稷：周族的始祖，名弃。相传他的母亲曾经弃养了他，故名弃。传说中他教人们耕种，又称为稷神、农神。

⑥　台玺（xǐ）：古史中同为周王朝的始祖，后稷的弟弟。

【译文】

西北海的外面，赤水河的东面，有一个长胫国，这个国家的人小腿都非常长。有一个西周国，国民姓姬，以谷物为食。国中有个人正在耕田，这个人名叫叔均。帝俊生了后稷，后稷把各种谷物的种子从天上带到了人间。后稷的弟弟名叫台玺，他生下了叔均。叔均代替他的父亲和后稷播种各种谷物，这才有了耕作。

吴姖天门

大荒之中，有山，名曰日月山，天枢①也。吴姖②天门，日月所入。有神，人面无臂，两足反属③于头上，名曰噓④。

【注释】

① 天枢：天上的交通要道。

② 吴姖（jù）：神话中的山名。

③ 属（zhǔ）：连接。

④ 噓（xū）：神名。

【译文】

西方的荒野之中有着一座名叫日月山的山峰，那可是天界的交通要道，太阳和月亮都从这座天门中进入。荒野中还有一位长着脸却没有双臂的神人，他两只脚反架在头上，名字叫作噓。

重、黎上天下地

颛顼生老童，老童生重[①]及黎[②]。帝令重献[③]上天，令黎邛[④]下地。下地是生噎[⑤]，处于西极，以行日月星辰之行次[⑥]。

【注释】

① 重：神话中担任南正的神，相传他担任南正的官职，管理天上的事。

② 黎：神话中管理火正的神，管理地下的事务。

③ 献：清代学者俞樾解释为“仪法”。

④ 邛（qióng）：通“仰”。一说作印。

⑤ 噎（yē）：神名。

⑥ 行次：运行顺序。

【译文】

颛顼生了老童，老童生了重和黎两个儿子。天帝令重把天往上举，又令黎把地往下摁，于是天地就分开了。黎下到地上后生下了噎。噎位于大地的最西边，掌管着日月星辰的运行次序。

常羲浴月

有人反臂[①]，名曰天虞[②]。有女子方浴月。帝俊妻常羲[③]，生月十有二，此始浴之。

【注释】

① 反臂：臂膀反着长。

② 天虞：神名。

③ 常羲：传说中月亮的母亲。一作常仪。

【译文】

西方的荒野上有一位神叫天虞，他的两只臂膀是反着长的。在这片荒野附近，有一位女子在给月亮沐浴，她是天神帝俊的妻子，叫常羲，她生了十二个月亮，最早的时候就在这里带月亮们沐浴。

西王母（二）

西海[①]之南、流沙[②]之滨、赤水之后、黑水之前，有大山，名曰昆仑之丘。有神，人面虎身，有文有尾皆白，处之。其下有弱水之渊[③]环之，其外有炎火之山[④]，投物辄然[⑤]。有人戴胜，虎齿，有豹尾，穴处，名曰西王母。此山万物尽有。

【注释】

① 西海：一说指青海湖，一说指新疆的罗布泊。

② 流沙：古时指西北的沙漠地区，也指今新疆境内白龙堆沙漠一带。

③ 弱水之渊：弱水渊。传说这种水轻得无法浮起鸿雁的羽毛。

④ 炎火之山：传说中连石头树木都在燃烧的火焰山。

⑤ 辄（zhé）然：辄，总是；然，通“燃”。总是燃烧。

【译文】

在西海的南边、流沙的旁边、赤水的后面、黑水的前面，有一座大山名叫昆仑丘。山里面住着一位神，他人面虎身，身上有白色山斑纹和白色的尾巴。山脚下有弱水渊环绕，深渊之外有一座炎火山，只要将物品投到这座山上，就会燃烧起来。有一个人，头上戴着头饰，长着虎一样的牙齿、豹一样的尾巴，住在昆仑丘的洞穴中，名叫西王母。世间万物，这座山中应有尽有。

夏后开

西南海之外、赤水①之南、流沙②之西，有人，珥③两青蛇，乘两龙，名曰夏后开④。开上三嫔⑤于天，得《九辩》与《九歌》⑥以下。此天穆之野⑦，高二千仞，开焉得始歌《九招》⑧。

【注释】

① 赤水：指黄河上游。

② 流沙：古代时西北的沙漠地区。

③ 珥：（用两条青蛇）作耳饰，这里用作动词。

④　夏后开：夏后启，汉人避讳景帝刘启，改“启”为“开”。

⑤　三嫔：三个嫔妃美女。

⑥　《九辩》《九歌》：神话中天帝的乐曲，后被夏启带到人间。

⑦　天穆之野：神话中的地名。

⑧　《九招》：又称《九韶》，神话中舜时代的乐曲名。

【译文】

在西南海之外，赤水河的南面，流沙河的西面，有一个以两条青蛇作耳饰，骑着两条龙出行的人，叫夏后开。这个人其实就是大禹的儿子夏后启。夏后启向天帝敬献了三位美女，把《九辩》和《九歌》这两首天上的乐曲带到了人间。在这高达二千仞的天穆野之上，启开始歌唱乐曲《九招》。

卷十七·
大荒·北经

导读

本卷记述的内容与《海外·北经》的相同之处较多。

其一，夸父追日是最著名的神话故事。相传在黄帝时期，夸父族首领夸父想要把太阳摘下，于是开始逐日，在口渴时喝干了黄河、渭水之后，在奔赴大泽途中渴死。这个故事寓意极深刻。我国社会科学家、文史学家杨公骥认为，只有重视时间和太阳竞走的人，才能走得快；越是走得快的人，才越感到腹中空虚，这样才需要接收更多的水（不妨将水当作知识的象征）。

其二，本卷中的“黄帝女魃”还提到了黄帝在女魃的帮助下杀死蚩尤的故事。黄帝为了迎战蚩尤，派来一位叫作魃的天女，她是专门治水患的。等到魃一来，天上的大雨就止住了。于是黄帝借此机会杀了蚩尤。故事主角之一的女魃，又称为“旱魅”“旱鬼”“旱母”，她的出现，与旱情密切相连。在古代民俗中，很早就有驱魃的仪式存在，这种驱魃仪式一直延续到20世纪初，可见旱魃神话的影响力。

此外，本卷还提到了神鸟九凤、神木若木和神灵烛龙。九凤是中国著名的神鸟，九头人面鸟身，在历代文学作品中常被提及，如唐代诗人张九龄《故荥阳君苏氏挽歌词三首》说：“剑去双龙别，雏哀九凤鸣。”宋代诗人李朝卿《鹧鸪天》词说：“九凤箫低彩雾高，鸾车鹤驭下层霄。”若木是和扶桑对应的神树，扶桑在东，若木在西，都与太阳有关。曹晋诗人阮籍《咏怀》诗云：“若木耀四海，扶桑翳瀛洲。”唐代李白《上云乐》诗云：“西海栽若木，东溟植扶桑。”其中说的就是这两棵神树。烛龙是掌管白天黑夜的神灵，当他睁开眼睛时，黑夜便会变成白天；当他闭上眼睛时，白天又会变成黑夜。这种相貌奇伟、神通广大的形象满足了人类聚居的所有自然条件，阳光、风雨、日夜、四季。

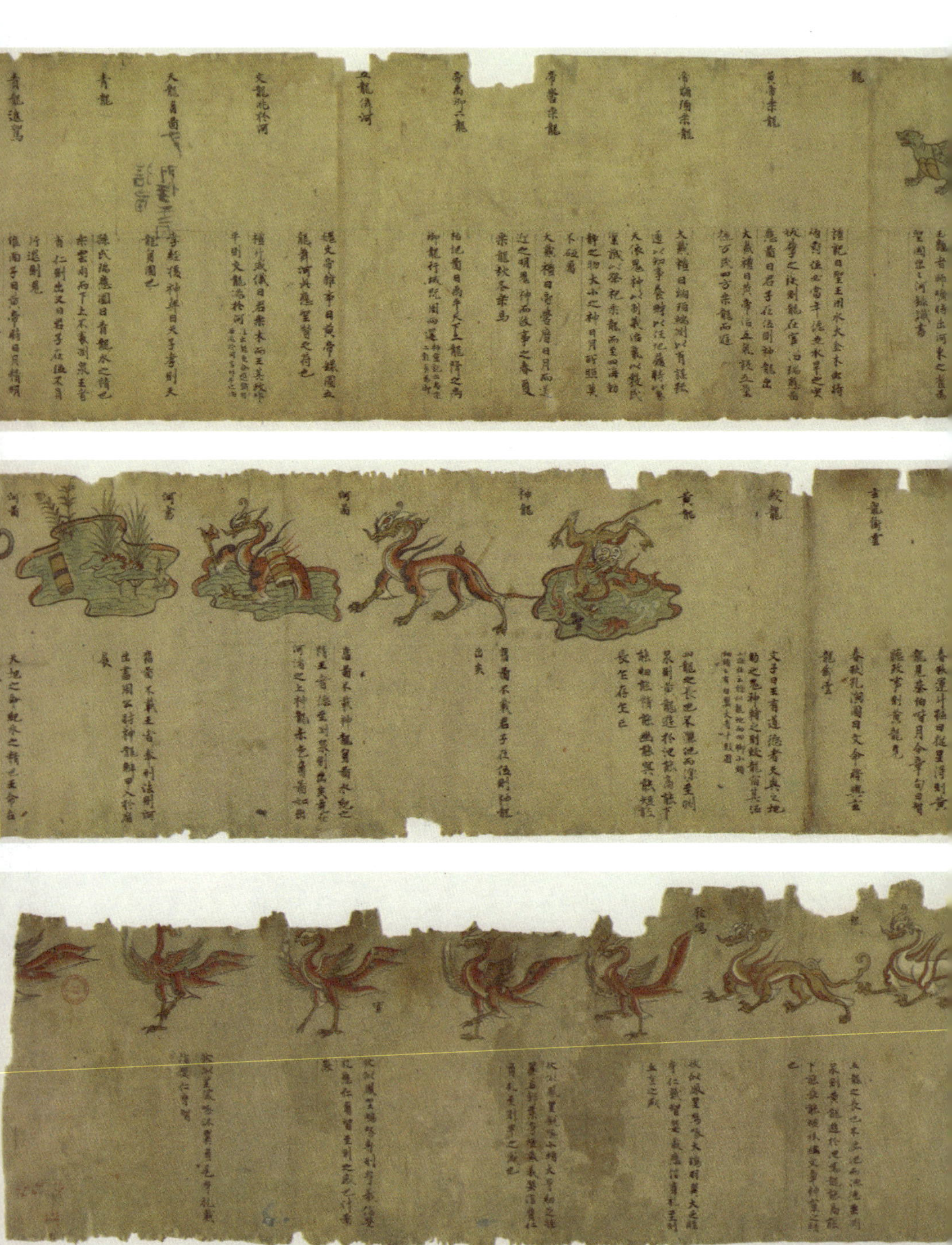

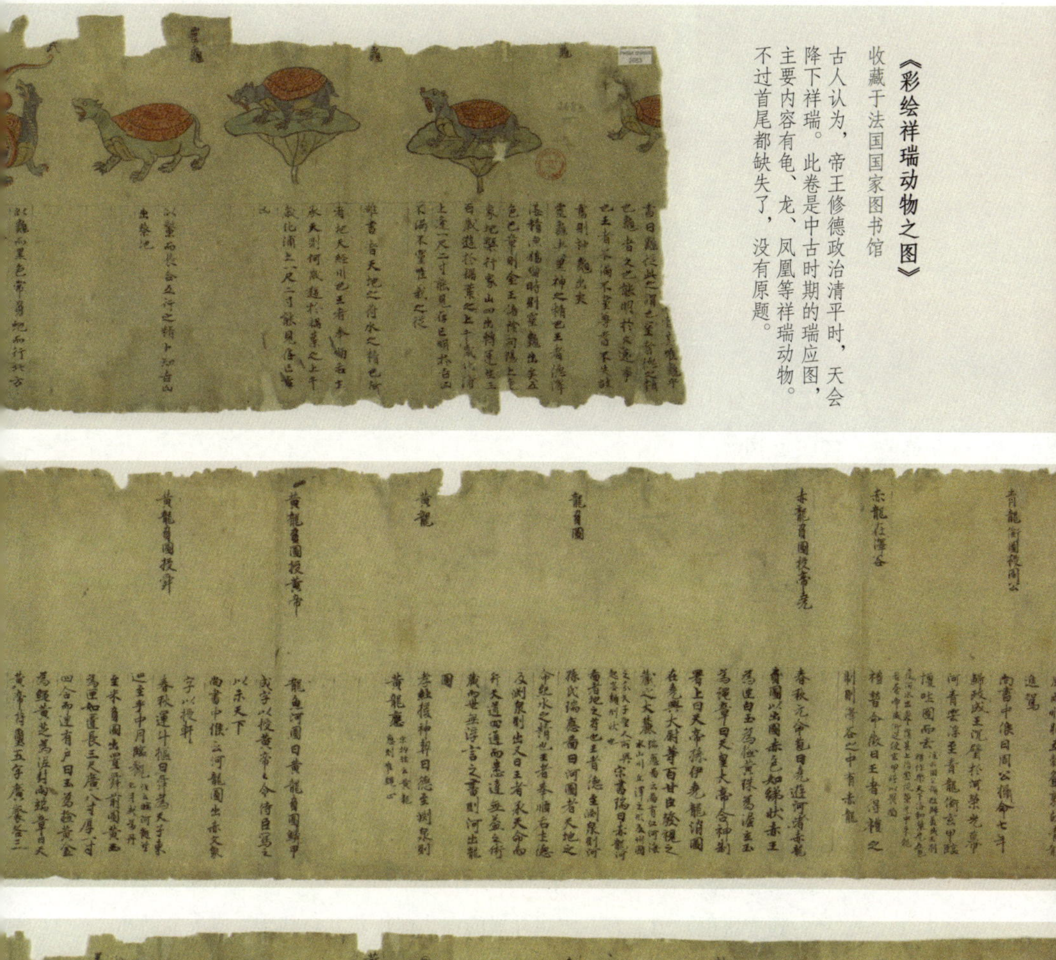

《彩绘祥瑞动物之图》

收藏于法国国家图书馆

古人认为，帝王修德政治清平时，天会降下祥瑞。此卷是中古时期的瑞应图，主要内容有龟、龙、凤凰等祥瑞动物。不过首尾都缺失了，没有原题。

九凤

大荒之中，有山，名曰北极天愦[①]，海水北注焉。有神，九首、人面、鸟身，名曰九凤[②]。

【注释】

① 北极天愦（guì）：愦，同“柜”，山名。

② 九凤：后世多称九头鸟。

【译文】

北方的荒野中，有一座名叫北极天愦的山，北面的海水流注到了这里。山上有一位叫九凤的神，他长着九个脑袋，有人的面孔和鸟的身体。

九凤

选自《山海经图鉴》

九凤源于楚人的九凤神鸟，是数字『九』与祥瑞『凤』崇拜的结果。九由于在个位数字中最大，中国古代被认为是至阳的虚数、极数，常表示最多的意思，天高曰九重，地深曰九泉，疆域广曰九域，数量大曰九钧。据研究，『九』本意指『九头龙』（或九头蛇）。中国古代有许多关于『九头龙』崇拜的神话。《山海经》就有『九首蛇身自环，食于九土』的相繇、『九首人面蛇身而青』的相柳等神话形象。在楚文化中，崇『九』传统也很明显。如屈原的作品『九歌』『九章』，他的学生宋玉则有『九辩』。《楚辞》中许多地方也用到『九』字，如九天、九畹、九州、九疑等。还有帝颛顼的后宫也叫『九嫔』。可见，『九凤』是凤崇拜的极限形象。

夸父追日

大荒[①]之中，有山，名曰成都载天[②]。有人，珥[③]两黄蛇，把两黄蛇，名曰夸父。后土[④]生信，信生夸父。夸父不量力，欲追日景[⑤]，逮之于禺谷[⑥]，将饮河而不足也。将走大泽[⑦]，未至，死于此。

【注释】

① 大荒：最荒远的地方。

② 成都载天：非常高大的山峰。

③ 珥：用两条黄蛇作耳饰。

④ 后土：又叫句龙，传说是共工的儿子。

⑤ 日景：日影。

⑥ 禺谷：传说中太阳落下的地方。

⑦ 大泽：北方的大湖。

【译文】

在最荒远之地有座山，名叫成都载天。有个人以两条黄蛇为耳饰，手里还拿着两条黄蛇，此人名叫夸父。后土生了信，信生了夸父。夸父不自量力，想要追赶太阳，终于在禺谷追上了，他因口渴而喝黄河之水，但黄河水不够喝，于是想到北方的大泽中取水喝，结果还未走到便渴死了。

黄帝女魃

大荒之中，有山，名曰不句，海水入焉。有系昆之山[①]者，有共工之台[②]，射者不敢北向。有人，衣青衣，名曰黄帝女魃[③]。蚩尤[④]作兵伐黄帝，黄帝[⑤]乃令应龙攻之冀州[⑥]之野。应龙畜[⑦]水，蚩尤请风伯[⑧]、雨师[⑨]纵大风雨。黄帝乃下天女曰魃，雨止，遂杀蚩尤。魃不得复上，所居不雨。叔均言之帝，后置之赤水之北，叔均乃为田祖[⑩]。魃时亡之，所欲逐之者，令曰："神北行！"先除水道，决通沟渎[⑪]。

【注释】

① 系昆之山：指昆山，一说可指阴山山脉。

② 共工之台：共工台。神话传说中与颛顼争夺帝位的人。

③ 女魃（bá）：神话传说中的旱怪，有一种说法是她秃顶不长头发。

④ 蚩尤：传说中造兵器的人。有一种说法为东方九黎族首领，后与黄帝战于涿鹿。

⑤ 黄帝：传说中中原各族的祖先，姬姓，少典之子，号轩辕氏、有熊氏。

⑥ 冀州：古代九州之一，泛指中原地区。

⑦ 畜（xù）：积聚，容留。

⑧ 风伯：神话中的风神，人面鸟身。

⑨ 雨师：神话中的雨神，名叫萍翳（píng yì）。

⑩ 田祖：舜子叔均，又名商均，主管土地的官。

⑪ 沟渎（dú）：田间的水沟。

【译文】

在最荒远的北方之地有一座山，叫不句山，海水就流进了这座山中。此外，还有一座系昆山和一座共工台，射箭的人因为惧怕共工的威慑力，都不敢朝着北边射箭。荒野之中，有一个穿着青黑色衣服、名字叫作黄帝女魃的人。蚩尤制作了很多兵器，想要攻击黄帝，黄帝就派人在冀州的原野上攻打蚩尤。应龙聚积了很多水，蚩尤请来了风神和雨神，于是天降大雨。黄帝为了迎战，派来一位叫作魃的天女，这位天女是专门治水患的。等到魃一来，天上的大雨就止住了。黄帝借此机会杀了蚩尤。可是，天女魃再也不能回到天庭去了，她所住的地方也不再下雨了。叔均把这件事报告了黄帝，黄帝就让魃住在赤水河的北边，叔均也被封为田祖之神，掌管田地。置于荒凉之地的女魃不守本分还想逃亡，她每到一个地方，那里就一片旱象。人们都想要赶走她，并说："神啊，请你去北方吧。"并事先要清理水道，疏通沟渠以便让女魃早日返回。

若木

大荒之中，有衡石山、九阴山、洞野之山①。上有赤树，青叶赤华，名曰若木②。

【注释】

① 衡石山、九阴山、洞野之山：即昆仑山系。

② 若木：神话中与扶桑树齐名的神树。

【译文】

在最荒远之地，有衡石山、九阴山、洞野山，山上生长着一种红色树，它的叶子是青色的，花朵是红色的，名叫若木。

烛龙

西北海之外、赤水之北，有章尾山[①]。有神，人面蛇身而赤，直目[②]正乘，其瞑[③]乃晦[④]，其视[⑤]乃明，不食、不寝、不息[⑥]，风雨是谒[⑦]，是烛九阴[⑧]，是谓烛龙[⑨]。

【注释】

① 章尾山：一说指钟山。

② 直目：眼睛竖着长。

③ 瞑：闭眼。

④ 晦：晚上。

⑤ 视：睁眼。

⑥ 息：呼吸。

⑦ 风雨是谒：能请来风雨。谒，请。另外一种说法是以风雨为食。

⑧ 九阴：幽暗之地。

⑨ 烛龙：传说中睁开眼睛就能照亮天下的神名。

【译文】

在西北海外、赤水北岸，有一座章尾山。山上有一个人面蛇身、全身都是红色的神，他的眼睛是竖着长的，目光永远正视前方，从不斜眼而视。他把眼睛闭上，天下就会变成黑夜；睁开眼睛后，天下就会变成白昼。他不吃饭、不呼吸、不睡觉，能吞食风雨，能把幽暗的地方都照亮，他就是烛龙。

卷十八·海内经

导读

本卷是《山海经》中最杂乱的一章。它涉及的地域非常广，主要记载范围是海中和沿海边远地区，包括今天的甘肃、新疆、四川、青海、贵州、湖南、河北等地，且无明显的系统或脉络。值得一提的是，《海内经》创造了关于洪水的创世神话，那就是大禹治洪水，以及划分九州的故事。

大禹治水是中国经典神话故事之一。《史记·夏本纪》曰："禹伤先人父鲧功之不成受诛，乃劳身焦思，居外十三年，过家门不敢入。"《吕氏春秋》曰："禹娶涂山氏女，不以私害公，自辛至甲四日，复往治水。"《华阳国志·巴志》曰："禹娶于涂，辛、壬、癸、甲而去，生子启呱呱啼不及视，三过其门而不入室，务在救时，今江州涂山是也，帝禹之庙铭存焉。"大禹治水的故事，传达了"堵不如疏"的文化理念。

本卷还记载了一则"羿杀凿齿"的故事。在《海外·南经》中说羿持弓矢杀死了凿齿，但没有说弓矢是从哪里来的及杀凿齿的原因，本卷中作了补充说明。原来弓矢是天帝帝俊赐予的，目的是叫羿从天上到人间拯救百姓。除此之外，有关黄帝妻子雷祖的故事也同样引人入胜。本卷对雷祖的叙述后被西汉司马迁改造采用，写入《史记》中并称其为"嫘祖"。后世关于嫘祖"始蚕"的记载还见于唐宋时期，嫘祖文化也是东方女性文化的光辉典范。

此外，本卷还先后提到了不死之山中的仙人柏高；与《西山经》中的"拳山"、《海外·西经》中的"诸夭之野"和《大荒·南经》中的"臷民之国"一样的人间乐园"都广之野"，与东方扶桑、西方若木齐名的神树建木，被古人认为是魂魄所向、阴气聚集的地方"幽都之山"等。

大禹治水

选自《禹王治水图》卷 （宋）赵伯驹

收藏于中国台北『故宫博物院』

雷祖

流沙[①]之东、黑水[②]之西，有朝云之国[③]、司彘之国[④]。黄帝[⑤]妻雷祖[⑥]，生昌意[⑦]。昌意降处若水[⑧]，生韩流[⑨]。韩流擢首[⑩]、谨耳[⑪]、人面、豕喙、麟身[⑫]、渠股[⑬]、豚止[⑭]，取淖子[⑮]曰阿女，生帝颛顼。

【注释】

① 流沙：古时指中国西北的沙漠地区。

② 黑水：《山海经》有多条河流被称为黑水，多指西部发源于昆仑山的一条古水道。

③ 朝云之国：朝云国，国名。

④ 司彘之国：司彘国，国名，即司彘国。

⑤ 黄帝：姓姬，少典之子，号轩辕氏，曾经打败炎帝和蚩尤。

⑥ 雷祖：又称为嫘（léi）祖、累祖，是黄帝的正妃，西陵氏之女，传说她最早教会人民养蚕制丝，被尊为“先蚕”。

⑦ 昌意：黄帝的第二个儿子，也是颛顼的祖父。《史记》认为，昌意是颛顼的父亲。

⑧ 若水：河流名。在今四川雅砻江。雅砻江与金沙江汇合的一段，被称为若水。

⑨ 韩流：人名，昌意的儿子。

⑩ 擢（zhuó）首：引拔，耸起。这里指物体因吊拉变成长竖

形的样子。这里指脖子很长。

⑪ 谨（jǐn）耳：小耳朵。

⑫ 麟（lín）身：麒（qí）麟一样的身体。

⑬ 渠股：两条腿连着长在一起，即为骈脚，罗圈腿。

⑭ 豚（tún）止：豚，通“豕”，泛指猪；止，同“趾”，指脚趾。猪蹄。

⑮ 淖（nào）子：部族名。蜀山氏之女。

【译文】

在流沙河的东面、黑水河的西面，有两个国家分别是朝云国和司彘国。黄帝有一个妻子，名字叫作雷祖，雷祖生下了儿子昌意。昌意的品德不太好，被黄帝流放到了若水流域的这个地方。在这里昌意生下了韩流。韩流长着长长的头、小小的耳朵、人一样的脸、猪一样的嘴，身体像瑞兽麒麟。他还有一双罗圈腿，脚趾像猪蹄一样。他娶了一位淖子部族女子做妻子，这个女子叫作阿女，他们生了颛顼。

韩流
辽代《山海经》帛画

不死之山

流沙之东、黑水之间，有山，名不死之山①。华山②青水③之东，有山，名曰肇山④。有人，名曰柏高⑤。柏高上下于此，至于天。

【注释】

① 不死之山：即不死山，传说山上有一棵不死树，人吃了它的果实能够长生不老。

② 华山：山名。一说指今四川青城山；一说指岷山。

③ 青水：水名。

④ 肇（zhào）山：山名。

⑤ 柏高：一作“柏子高”，传说中的仙人。

【译文】

在流沙的东边，黑水流经的地方，有一座山名叫不死山。在华山和青水的东边，有座山名叫肇山。山上有个人，名字叫柏高。柏高常在肇山上上上下下，直达天庭。

都广之野

西南黑水之间，有都广之野①，后稷②葬焉。爰有膏③菽④、膏稻、膏黍、膏稷，百谷自生，冬夏播琴⑤，鸾⑥鸟自歌，凤⑦鸟自儛⑧，灵寿⑨实华，草木所聚。爰有百兽，相群爰处。此草也，冬夏不死。

【注释】

① 都广之野：地名。一说在今成都一带。

② 后稷：周族的始祖，名弃。虞舜命为农官，教民耕稼。

③ 膏：形容味美如油脂。

④ 菽：豆类的总称。

⑤ 播琴：播种。

⑥　鸾：传说中凤凰一类的鸟。

⑦　凤：雄凤凰。

⑧　儛：跳舞。

⑨　灵寿：木名，也叫作椐，古代灵寿多用于做马鞭或手杖。

【译文】

在西南方黑水流经的地方，有一大片地方名叫都广之野，周朝的始祖神后稷就埋在那里。那里有味美如膏的豆类、稻、黍和上等谷物，各种各样的粮食作物在这里自然生长。与众不同的是，这里的谷物在冬天和夏天都可以进行播种。鸾鸟在这片土地上自由地歌唱，凤鸟自在地起舞。灵寿木开花结果，各种草木聚集在这里生长。还有成群的野兽聚集在一起，和平相处。在这里生长的草，无论冬季和夏季都不会枯萎凋零。

建木

有木，青叶紫茎，玄华黄实，名曰建木①，百仞②无枝。有九欘③，下有九枸④。其实如麻⑤，其叶如芒⑥。大暤⑦爰过，黄帝所为。有窫窳，龙首，是食人。有青兽，人面，名曰猩猩。

【注释】

① 建木：传说中的一种树。

② 仞：古代以八尺或七尺为一仞。

③ 欘（zhú）：树枝弯曲。

④ 枸（qú）：盘错的树根。

⑤ 麻：类似芝麻，俗称麻子，农作物。

⑥ 芒：木名，类似棠梨树。

⑦ 大暤：伏羲氏，传说中的帝王，又叫太暤、太昊。在古语中，“大”和“太”意思一样。

【译文】

在西部地区，有一种树名叫建木，这种树木有着青绿色的树叶、紫色的树干，常开黑色的花朵，结黄色的果子。建木非常高，有一百仞，但是树干上不长树枝。只在树的顶部有九根弯曲的树枝，在根部有九条盘根错节的树根，它结的果子像麻子一样，叶子和芒叶差不多。太昊曾经爬了上去，并通过这棵树登上了天，黄帝也对这棵树青睐有加，曾经管理和维护这棵树。建木附近生长着一种名叫窫窳的怪兽，它有着龙一样的脑袋，可以吃人。在这附近，还有一种黑色的野兽，它长着人一样的面孔，名字叫作猩猩。

幽都之山

北海之内，有山，名曰幽都①之山，黑水出焉。其上有玄鸟②、玄蛇、玄豹、玄虎、玄狐蓬尾③。有大玄之山，有玄丘之民④。

【注释】

① 幽都：神话传说中西北方的山脉，一说在今山西、河北北部，包括燕山及其北方诸山。

② 玄鸟：玄，黑色。神话中的神鸟，有黑色的羽毛。

③ 蓬尾：蓬，蓬松，散乱。尾毛蓬起，尾巴很大。

④ 玄丘之民：黑色山丘的子民。还有一种说法是这座山上的人和物都是黑色的。

【译文】

在北海之内，有一座名叫幽都山的山脉，黑水河就发源于这里。山上有黑色的鸟、黑色的蛇、黑色的豹子、黑色的老虎和尾巴蓬大的黑色狐狸。这里还有一座山名叫大玄山，山中的人皮肤很黑，名字叫玄丘民。

羿扶下国

帝俊赐羿彤弓①、素矰②，以扶下国③。羿是始去恤④下地之百艰。

【注释】

① 彤弓：红色的弓。彤，红色。

② 素矰（zēng）：矰，古代射鸟用的拴着丝绳的短箭。有白色尾羽的短箭。

③ 扶下国：扶助下界的国家，下界泛指人间。

④ 恤：救济。

【译文】

帝俊把红色的弓、系着丝绳的白色短箭，赏赐给了后羿，让他去扶助人间的子民，于是后羿去帮助老百姓应对生活中的各种艰难困苦。

鲧禹治水

洪水滔天[①]，鲧窃帝之息壤[②]，以堙[③]洪水，不待帝命。帝令祝融[④]杀鲧于羽郊[⑤]。鲧复[⑥]生禹。帝乃命禹卒[⑦]布土[⑧]，以定九州[⑨]。

【注释】

① 滔天：洪，大；滔，漫。形容大水漫到天上，水势很大。

② 息壤：也叫息土，这种土壤可以自己生长，还可以堵塞洪水。

③ 堙（yīn）：堵塞。

④ 祝融：传说中楚国君主的祖先，名重黎，是颛顼的后代，传说中的火神。

⑤ 羽郊：羽山之郊。

⑥ 复：通“腹”。

⑦ 卒（zú）：终结，完毕。

⑧ 布土：布，施予，施行。土，土工。治河时填土、挖土的工程。

⑨ 九州：上古时代中国分为九个行政区域，即冀州、兖（yǎn）州、青州、徐州、扬州、荆州、豫州、梁州、雍州。这里以九州代指整个中国。

【译文】

很久以前，发了一场大洪水。鲧没有经过天帝同意，偷了天帝的宝物息壤来堵塞洪水。天帝因此发怒且派祝融将鲧杀死在了羽山的郊野。鲧死后三年，尸体居然都不腐烂，从他腹中诞生了禹。天帝被鲧的精神所感动，于是命令鲧的儿子禹继续治理洪水，以完成鲧的夙愿。最后大禹平息了水患，使整个中国得以安定。